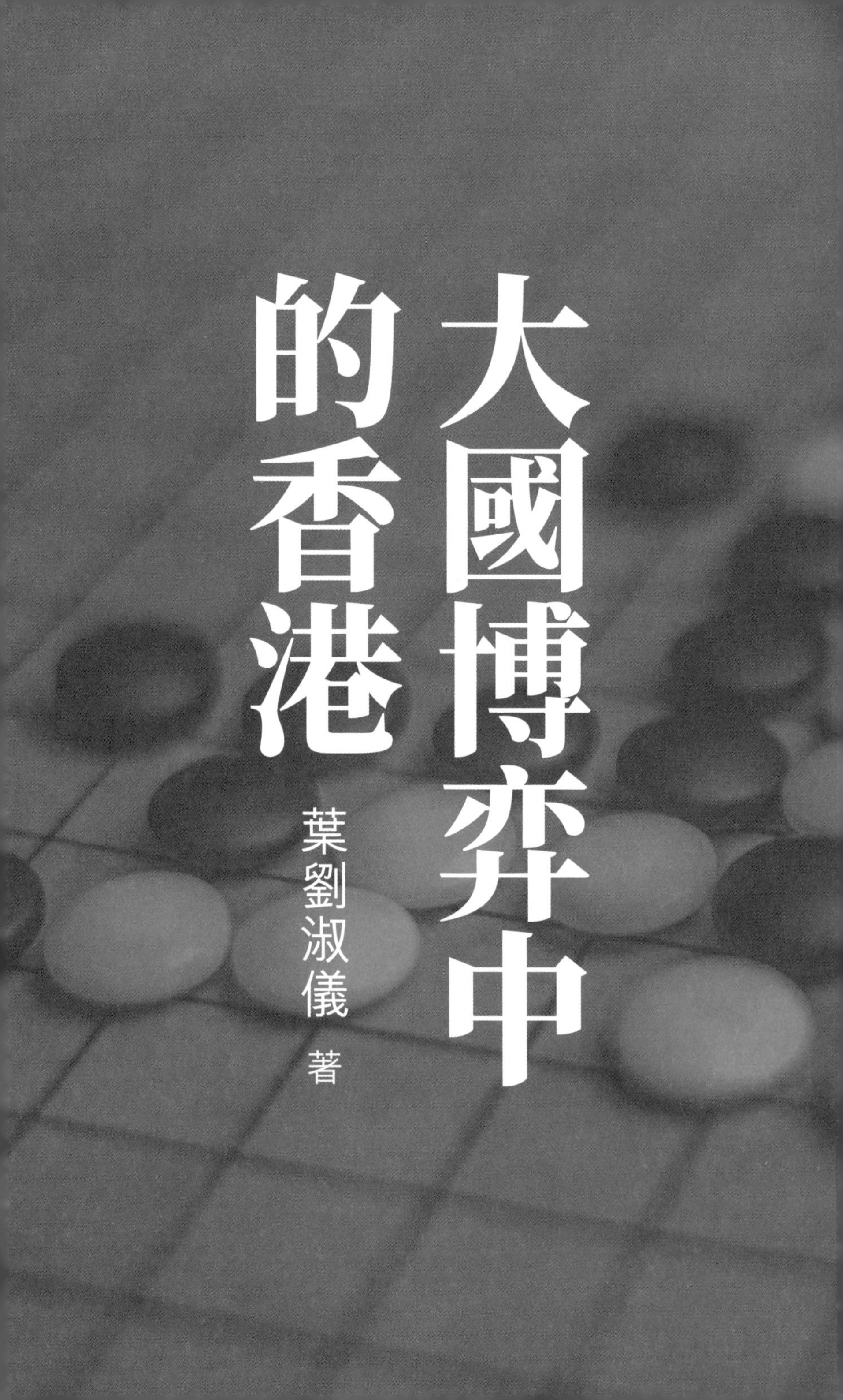

大國博弈中的香港

葉劉淑儀 著

天地
www.cosmosbooks.com.hk

書　　名　大國博弈中的香港
作　　者　葉劉淑儀
責任編輯　張宇程
統　　籌　霍詠詩
協　　力　鍾遠鵬　應恩頌　陳閱川　李儀雯　李文錫
　　　　　譚美詩　黃知勇　夏久菊　陳英偉
封面設計　郭志民
美術編輯　蔡學彰
出　　版　天地圖書有限公司
　　　　　香港黃竹坑道46號
　　　　　新興工業大廈11樓（總寫字樓）
　　　　　電話：2528 3671　傳真：2865 2609
　　　　　香港灣仔莊士敦道30號地庫（門市部）
　　　　　電話：2865 0708　傳真：2861 1541
印　　刷　亨泰印刷有限公司
　　　　　柴灣利眾街德景工業大廈10字樓
　　　　　電話：2896 3687　傳真：2558 1902
發　　行　聯合新零售（香港）有限公司
　　　　　香港新界荃灣德士古道220-248號荃灣工業中心16樓
　　　　　電話：2150 2100　傳真：2407 3062
出版日期　2023年7月／初版・香港

ISBN ： 978-988-8550-95-1

推薦序　從國際大局看香港小局

黎廷瑤
資深傳媒人、《巴士的報》副社長

經歷過近十年動亂，特別是黑暴之後，很多人有了一個新領悟：國際是大局，香港只是小局，大國之間風起雲湧，位處夾縫的這個七百萬人城市，怎能平安無事？

所以，大家也有了一個新思維：看香港問題，一定要有洞察國際形勢的新視野、新胸懷。

在香港芸芸政治人物中，我敢說，對國際問題看得透徹者，葉太可居三甲之列。

葉太在回歸伊始出任保安局局長，身處兩個政治大時代的交接點，那個時候，香港看似風平浪靜，其實乍陰還晴，大國角力依然，港情詭譎多變，她肩負維持安全的重任，自然要緊盯外國對港的一舉一動，也鍛煉出對國際問題的洞悉力。

她於《基本法》第二十三條立法風暴後，辭職赴美國進修，在史丹福大學攻讀國際關係碩士課程，師從幾位赫赫有名的美國學者，潛心修煉三年，分析世界形勢的功力大增，看香港問題也有了新角度，上升到新層次。

所以在黑暴之後，葉太在報章和社媒發表的文章，很多都聚焦於大國之間的明爭暗鬥，尤其是透視以美國的「新冷戰」思維，如何試圖引領西方，對迅速崛起的中國打壓、圍堵，從這些「拆局」中，思考香港自處之道。

我完全認同葉太看香港問題的方法，所以細讀她每一篇文章，當中不但分析精闢，資訊量也極豐，可以看到她思考和收集資料都下過苦功，不是吹水式的泛泛之論，對我深有啟發。

葉太每年都出版新書，今年這本《大國博弈中的香港》中收錄的，多是拆解國際大局的文章，讓我們對香港這個「小局」看得更深、更清，在此國際風雲頃刻驟變的時刻，特別值得市民和決策官員細讀、細思。

自序　中國崛起顛覆世界秩序

葉劉淑儀

國家主席習近平屢次發表重要講話時提到，世界正面對「百年未有之大變局」。二〇二二年十月十六日，總書記習近平便在「中國共產黨第二十次全國代表大會」的報告（「二十大」報告）開首，開宗明義指出，「『十九大』以來的五年，是極不尋常、極不平凡的五年。黨中央統籌中華民族偉大復興戰略全局和世界百年未有之大變局，召開七次全會……，制訂『十四五』規劃和二〇三五年遠景目標，全面總結黨的百年奮鬥重大成就和歷史經驗等重大問題作出決定和決議……」

和平崛起改變國際秩序

那麼，「百年未有之大變局」其實是指甚麼？我認為是指中國自改革開放以來的和平崛起，顛覆了以西方大國為首的國際秩序，引致全球權力結構邁向重新調整，而這轉變勢將對

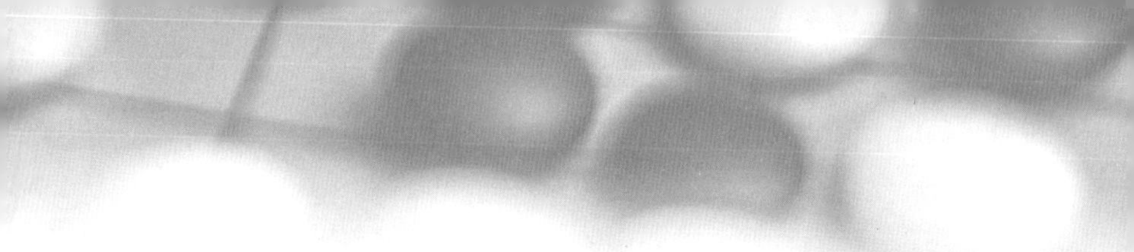

全球政局的發展有深遠影響。

這讓我聯想起最近拜讀、由專研國際關係的先鋒學者、耶魯大學的威廉·福克斯（William T. R. Fox）於一九四四年出版的著作 *The Super-Powers: The United States, Britain, and the Soviet Union -Their Responsibility for Peace*（暫譯《超級大國：美國、英國、蘇聯——她們對和平的責任》）。作者在這本書始創了Super-Power（超級大國）這個詞語，並且立了定義。他指出，龐大人口、地理面積、天然資源、經濟實力、軍事力量、政治穩定性，以至科技實力和科技創新能力等，都是判定超級大國的標準。

英國由「日不落帝國」淪為美國附庸

當時正值第二次世界大戰，日本在一九四一年偷襲珍珠港，導致美國參戰；兩次世界大戰都是因為美國參戰而扭轉勝負。福克斯在書中認定美國、英國和蘇聯是超級大國。當年蘇聯（Union of Soviet Socialist Republics, USSR）的軍事力量有多強大自然不用多說。二次大戰後，世界長時期陷入美國及蘇聯兩大陣營的冷戰狀態（Cold War）。

二戰前，英國號稱「日不落帝國」（The empire on which the sun never sets），世界各

地都有大英帝國的領土、屬地、殖民地、軍事基地，其海軍力量無遠弗屆。二次大戰結束後，大英帝國漸漸衰落，殖民地紛紛獨立，雖然今天仍保留「英聯邦帝國」，但是其軍事、經濟、政治影響力已大不如前；特別是二〇二〇年初英國脱歐後，這幾年英國經濟下滑，通脹問題嚴重。英女皇（Queen Elizabeth II）駕崩後，陸續有英聯邦國家提出「脱英」，澳洲工黨政府便在查理斯三世（Charles III）登基之際舊事重提。英國政壇亦未有強人壓場，近年英國首相如車輪轉，英國已淪為美國附庸，甚至有評論揶揄英國的外交政策是 made in Washington（由華盛頓決定），即是為美國辦事。

美國的「史普尼克時刻」

美國則在二次大戰後取代大英帝國的霸主地位，以世界「一哥」自居，與蘇聯長期對峙。一九五七年十月四日，蘇聯成功將世界上第一顆人造衛星「史普尼克一號」（Sputnik 1）發射到太空，對一直自以為太空實力居世界第一的美國猶如當頭棒喝，恍然大悟蘇聯的太空科技已超前一步，頓感國家安全受到威脅，自己「一哥」地位隨時不保。這個「史普尼克時刻」（Sputnik Moment）（或稱「史普尼克危機」Sputnik Crisis）導致美國成立太空總署

（NASA），投放無限資源開發太空科技，啟動「水星計劃」（Project Mercury）等，與蘇聯展開太空競賽。

一九六二年九月十二日，美國總統甘迺迪（John F. Kennedy）在萊斯大學（Rice University）發表關於國家太空事業的演說，動員國民支持「太陽神計劃」（Project Apollo），豪言「我們選擇登月」（We choose to go to the Moon），要讓美國成為第一個把人類送上月球的國家，反映「史普尼克時刻」深刻影響美國的作風，美國定要做「一哥」，不能落於人後。

中國製造業超英趕美

美國的下一個「史普尼克時刻」，是赫然發現中國的高鐵、核電及5G科技已超英趕美。當時，美國經歷雷曼風暴（二〇〇八年）、環球金融海嘯，奧巴馬（Barack Obama）先後擊敗希拉里（Hillary Clinton）及共和黨候選人麥凱恩（John McCain），在二〇〇九年當上美國總統。

二〇一一年，美國從伊拉克撤軍後，開始留意到中國的科技發展突飛猛進，注意力逐漸東移，時任國務卿希拉里及國家安全顧問多尼隆（Thomas Donilon）開始提出「再平衡」（Re-balancing）、「重返亞洲」（Pivot to Asia）的外交策略。當時，希拉里一度提出發展「新絲綢之路」（New Silk Road Initiative），但是基於地緣政治及資源等問題，美國不了了之。國家主席習近平則在二〇一三年提出「一帶一路」倡議並且積極推進，至今已十年，成績有目共睹。

近年，中國已發展成全球第二大經濟體，貿易總量更是全球第一，在「我要做一哥」的美國眼中，自然是天大眼中釘。美國對中國的評價，亦由二〇〇九年《時代》雜誌（*TIME*）封面以勤奮的中國工人為「年度人物」（Person of the Year），演變至後來漸成主流的「中國威脅論」（China Threat Theory）。隨着特朗普（Donald Trump）及拜登（Joe Biden）先後繼任美國總統，中美關係的走向愈來愈嚴峻。特朗普聲稱中國對美國存在不公平貿易競爭，掀開貿易戰序幕。拜登上場手段更狠，貿易戰升級為晶片戰、科技戰，對中國施加各類出口及投資禁令，極力窒礙中國發展高新科技，致力游說、聯同盟友圍堵、打壓甚至制裁中國。例如視美國為馬首是瞻的英國，首相辛偉誠（Rishi Sunak）便形容「中國對英國構成系統性挑戰」（systemic challenge）。

中國仍未達超級大國標準

不過，若以上文提及的《超級大國：美國、英國、蘇聯——她們對和平的責任》一書的定義而言，中國仍然未達到超級大國的標準，特別是其軍事力量仍有不逮。

根據美利堅大學（American University）二〇二一年的統計，美國在至少八十個國家設有大約七百五十個軍事基地，但是中國只在東非吉布提（Republic of Djibouti）設有一個海外軍事基地，軍事力量的滲透遠不及美國。此外，中國核武器的整體庫存也與美國差之甚遠。根據美國科學家聯盟（Federation of American Scientists）二〇二三年的統計，中國擁有約四百一十個核彈頭，而美國則擁有達五千二百四十四個，數量超過中國庫存整整十二倍。美國硬指中國威脅美國國家安全，其實是「賊喊捉賊」。

中國提升和平外交影響力

中國以極大的堅忍及能耐，一方面力抗美國及其盟友的針對、打壓，一方面展現大國實力，以和平的方式提升其外交影響力，以「人類命運共同體」為主旋律，希冀達致「促進世界和平和發展」的目標。

在中國斡旋下，斷交七年的伊朗與沙特阿拉伯，二〇二三年在北京進行談判及達成「北京協議」，於三月十日宣佈恢復外交關係，並且重開在對方國家的大使館，亦會重啟貿易關係等。需知道伊朗與沙特阿拉伯恢復邦交將對世界和平具有重大象徵意義，中國作為居中「調停人」可謂為世界和平立下大功。影響所及，敍利亞和沙特阿拉伯於五月九日宣佈恢復雙邊關係；加拿大亦在五月二十四日宣佈將與沙特阿拉伯恢復外交關係。

幾近同步，中國於二月二十四日發佈《關於政治解決烏克蘭危機的中國立場》（簡稱「十二點聲明」），列出實現俄烏和平的具體步驟。外交部發言人汪文斌強調中國「在烏克蘭問題上示眾秉持客觀公正立場，積極勸和促談，為推動危機解決發揮建設性作用」。之後，曾任中國駐莫斯科大使的李輝，獲委任為中國特使（歐亞事務特別代表），馬不停蹄出使波蘭、法國、德國，最重要是出訪烏克蘭及俄羅斯，列國分別表明希望中國能促成俄烏停火，反映中國在國際上的影響力與日俱增。

香港如何自處

中國一系列和平外交舉措，均體現了總書記習近平在「二十大」報告胸懷天下的世界觀，對國際形勢的重大判斷，以全新視野開展了新時代中國特色大國外交。中國的崛起和其和平外交策略，對以美國為首的單極世界（Unipolar World）造成重大衝擊，國際秩序將慢慢邁向多極世界（Multipolar World），這趨勢不可逆轉，中國和美國將會進入長期競爭狀態。這便是本文開首提及我們面對的「百年未有之大變局」，也是大國博弈風雲變遷之境。

香港身處這樣的矛盾中，要如何自處，才能找到自己的定位？當然，在大國之間，香港只是一千一百平方公里的特別行政區，在面積上、人口上、經濟上均很渺小，但是香港擁有獨特優勢。第一，香港是全中國最獨特的普通法管轄區，與全球的普通法管轄區聯通；第二，香港是全中國最國際化、最開放的城市，素來都在國家改革開放的洪流中，走得最前。正如國家主席習近平在二〇二二年「七一」來港發表的重要講話所言，香港「敢為天下先，敢做弄潮兒」，「發揮連接祖國內地同世界各地的重要橋樑和窗口作用」，因此，香港要繼續發揮最開放、最國際化、最包容的特色，才能極致發揮「背靠祖國，聯通世界」的優勢，為國家作出貢獻。

今年出版的著作，以《大國博弈中的香港》為名，輯錄我過去一年刊登於《明報》、《香港經濟日報》、《經濟通》、《紫荊》雜誌以及《文匯報》的文章，四個章節分別為〈何謂大國〉、〈香港是國家戰略的一部份〉、〈倡議政策由我做起〉和〈落區考察親近民心〉，前兩章分析當今國際大局變遷、香港在夾縫中如何自處，後兩章以多角度分析特區政府的施政得失，以及我在不同範疇的政策倡議。每一章每一篇都反映我所體察，立場與角度未必人人認同，粗糙之處，期望讀者指正。

目錄

第二章
香港是國家戰略的一部份

第三章

倡議政策由我做起

第四章
落區考察親近民心

第一章

何謂大國

何謂大國

美國國力強大，難以衰落，即使衰落亦會像羅馬帝國那樣，經歷漫長的過程。羅馬帝國建立於公元前二十七年，直至公元四一〇年受到西哥德人武力征服，史稱「羅馬之劫」，方始衰落。

羅馬帝國前，古希臘亦被視為帝國。公元前八百年，希臘興起以城市為單位的自治國「城邦」，如雅典和斯巴達。古希臘的殖民範圍，東北到黑海，西至西西里島，遠至埃及和利比亞。直至公元前三三五年，亞歷山大大帝平定希臘，收服除斯巴達外的希臘眾城邦。

繼希臘，亞歷山大展開東征，奪取了敍利亞，佔領埃及，攻佔巴比倫，最終推翻波斯帝國。亞歷山大繼續東進，直至印度河流域方才折返。其統治的馬其頓帝國是史上繼波斯帝國後第二個地跨歐亞非三洲的帝國。但隨亞歷山大於公元前三二三年病死，帝國即變得四分五裂。

米爾斯海默教授的理論

歷史循環，所有偉大帝國盛極必衰，美國亦不例外。為深入探討何謂大國，可以借鑒芝加哥大學教授米爾斯海默（John Mearsheimer）的國際關係理論。米爾斯海默教授成為熱搜YouTuber，皆因他是少數美國學者指出北約需要為俄烏大戰負責。據說他每天接收上千電郵，相信不乏對他不偏袒美國的責備。

米爾斯海默教授的名著《大國政治的悲劇》（*The Tragedy of Great Power Politics*）二〇一四年再版時新加入題為 Can China Rise Peacefully? 的單元，討論美國一個熱門話題，即中國可否和平崛起。

中國國土達九百六十萬平方公里，僅次於俄羅斯和加拿大。二〇二〇年總人口突破十四億，人均壽命達七十七點三歲（二〇一九年國家衛健委數字）。相比國土最大的俄羅斯只有一億四千四百萬人口，男性人均壽命只有六十八點五歲。創富能力方面，中國改革開放只有四十多年，於二〇〇一年才加入世貿組織，至今已是世界經濟奇蹟，而根據購買力平價（Purchasing Power Parity），二〇一四年中國 GDP 已經趕上美國。難怪相比俄羅斯，美國更加忌憚中國崛起。

「實際力量」與「潛在力量」

米爾斯海默教授的理論指出一個國家擁有兩種力量，分別是「實際力量」（actual power）亦即是軍事力量，以及「潛在力量」（potential or latent power），兩種力量關係密不可分。「潛在力量」視乎該國的人口及社會經濟狀況，經濟有所增長才能轉化成軍事力量。擁有經濟能力才有資金發展科技、訓練軍隊，及製造軍事硬件，例如飛彈、無人機等。因此，一個國家能否成為超級大國，除考慮其軍事力量，更要視乎該國的潛在力量，特別是創富能力，從而建立更強大的力量。

美國的軍事力量非常明顯，美國亦毫不猶豫使用軍事力量維持其霸權。正如許多美國學者，包括米爾斯海默、麻省理工學院教授喬姆斯基（Noam Chomsky）、哥倫比亞大學教授薩克斯（Jeffrey Sachs）皆指出，除了利用直接的軍事行動，自中央情報局於一九四七年成立以來，美國另有方法彰顯其軍事力量。

策動暗殺、政變或代理人戰爭

其中一種方法是透過「暗殺」或稱「斷頭」（decapitation），直接刺殺敵方首腦，癱瘓其指揮系統，例如特朗普於二〇二〇年一月三日以無人機轟炸殺死伊朗革命衛隊指揮官蘇萊曼尼（Qasem Soleimani）及整個車隊的同行人員。雖然美國稱這是制止蘇萊曼尼企圖炸毀美國大使館的「防範性攻擊」（preemptive strike），但聯合國人權調查專員表示，美國此舉可能違反國際法。

另一方法是策動「政變」（regime change），例如一場親歐盟民眾發起的「廣場革命」推翻了親俄派的烏克蘭總統亞努科維奇（Viktor Yanukovych），他在二〇一四年二月二十二日下台後，流亡俄羅斯。

第三種方法是「代理人戰爭」（proxy war），典型例子就是正在進行的俄烏大戰。美國透過挑釁俄羅斯，以烏克蘭作為代理人與俄羅斯開戰。試問烏克蘭一介小國，如何能與俄羅斯持續戰爭超過數月？烏克蘭源源不絕的軍火支援來自美國，正如拜登在二〇二二年四月二十一日宣佈的，美國續向烏克蘭提供八億美元軍事援助。

美國透過不同方法利用軍事力量維持霸權地位，而軍事力量建基於國家的財富。中國擁有強大的創富能力，不單是一個符合米爾斯海默理論的大國，更是一個讓美國非常忌憚的潛在超級大國。

二〇二二年四月二十八日及五月一日《明報》〈三言堂〉

大國博弈的手段

芝加哥大學教授米爾斯海默的理論，指出大國彰顯軍事力量的各種手段，包括「暗殺」、「策動政變」以及「代理人戰爭」。其實「影響別國的選舉」亦是大國博弈的常見手段之一，而美國對此尤其顧忌，最佳例子就是「通俄門風波」。消息指二〇一六年美國總統選舉可能受俄羅斯影響，亦有指控特朗普有勾結俄羅斯勢力之嫌，事件並導致俄羅斯女間諜布蒂娜（Maria Butina）在美國境內被捕。

二〇一八年底，布蒂娜在華盛頓聯邦法院承認一項「串謀他人擔任未經註冊外國代理人罪名」，指她滲透與美國共和黨及特朗普關係密切的「全國步槍協會」（National Rifle Association of America, NRA）以收集情報，並向一名俄羅斯官員彙報，企圖影響美國對俄政策。經過認罪協商，這名女間諜的罪名得以減輕，二〇一九年十月獲釋並遭遞解出境。

美國熱中影響別國選舉

米爾斯海默教授於二〇一四年在一篇題為 Can China Rise Peacefully? 的文章中，指出美國應付中國崛起的最佳手段就是「圍堵策略」。按此理論，美國可能影響中國與周邊國家的民主選舉，從而選出親美的領導者，例如二〇二二年三月當選的韓國總統尹錫悅明確表示親美立場，並表態有意讓韓國參加美國領導的「四方安全對話」。

巴基斯坦方面，立場反美的總理伊姆蘭汗（Imran Khan）面對國會通過的不信任動議，質疑外國陰謀將他推翻，並在二〇二二年四月一日向美國大使館提出官方抗議，指美國介入該國政治。此外，菲律賓即將舉行總統大選，候選人小馬可斯（Ferdinand Romualdez Marcos Jr.）未有跟隨現屆政府反美立場，在三月接受 SMNI 新聞頻道訪問時表示，俄烏大戰發生後，新世界秩序將至，菲律賓需與美國加強聯盟和夥伴關係。

假如這些民主選舉國家的領導人皆是立場親美，理論上美國更加容易圍堵中國。香港作為實施民主選舉的城市，同樣存在受影響的風險，所以《香港國安法》第二十九條所訂明「勾結外國或者境外勢力危害國家安全罪」的原因非常明顯，亦確有必要。

美國制裁名單長達千八頁

另一個大國博弈的手段是「制裁」（sanctions）。美國財政部轄下的「外國資產控制辦公室」（Office of Foreign Assets Control, OFAC）專門執行針對外國個人和組織的經濟和貿易制裁，並負責更新制裁名單。制裁名單稱為「特別指定國民和被封鎖人員名單」（Specially Designated Nationals（SDN） List），截至二〇二一年四月二十九日，名單長達一千八百三十二頁，制裁範圍非常廣泛，制裁對象數量驚人。

美國制裁內地及香港官員

以香港為例，時任美國總統特朗普在二〇二〇年七月十四日簽署《香港正常化總統行政命令》（The President's Executive Order on Hong Kong Normalization），法律基礎來自多條法例，包括《香港人權與民主法》（Hong Kong Human Rights and Democracy Act of 2019）及《香港自治法》（Hong Kong Autonomy Act of 2020）等。共和黨參議員魯比奧（Marco Antonio Rubio）提出《香港人權與民主法》，二〇一九年十一月獲參眾兩院通過並由總統簽署生效，賦權美國政府制裁所謂「打壓香港基本自由」的人士，受制裁人士的在美資產可能遭凍結，該人士亦可能被拒入境美國；《香港自治法》則於二〇二〇年七月生效，主要授權美國政府以金融制裁及簽證管理方式懲罰實施《香港國安法》的內地及香港官員，與該人士有業務往來的金融機構亦受到制裁。

特朗普的行政命令名為「香港正常化」（Hong Kong Normalization），內容指二〇二〇年五月下旬，全國人大常委會為香港訂立《香港國安法》，美國隨即硬指《香港國安法》損害港人的自治及自由。美國國務卿隨即於五月二十七日宣佈，經修訂《美國—香港政策法》（U.S.-Hong Kong Policy Act of 1992），一九九七年七月一日前適用於香港的美國法律待遇不再適用。之後，特朗普又在五月二十九日指示行政部門開始取消香港有別於中國的差別待遇措施。

二〇二〇年八月七日，美國「外國資產控制辦公室」將包括時任行政長官林鄭月娥在內的十一名中港官員列入制裁名單（SDN List）；八月十九日美國國務院聲明暫停或終止美國與香港三項雙邊協定，有關「逃犯移交」、「移交被判刑人士」，以及「國際船運所得收入雙重課稅寬免」。截至二〇二一年七月七日，拜登宣佈延長上屆特朗普的行政命令，繼續制裁香港。

美國利用制裁意圖干涉他國內政，正如國務院港澳辦指出，美國制裁就是赤裸裸的霸權主義行徑，是對國際法和國際關係基本準則的粗暴踐踏。

金融霸權是美國與他國博弈的強大武器

根據米爾斯海默教授的理論，沒有任何一個國家可以成為「全球霸權」，美國也不過是西半球的「地區霸權」。雖然如此，美國在全球具有極大影響力，特別在金融方面，金融霸權就是美國與他國博弈的強大武器。二戰後，美國於一九四四年與四十四個國家簽訂《布雷頓森林協定》（Bretton Woods Agreement），建立掌控國際匯率的「國際貨幣基金組織」（International Monetary Fund, IMF），以及負責發展中國家融資安排的「世界銀行」（World Bank, WB）。自此兩個機關的負責人一直由美國人和歐洲人「分豬肉」，但近年中國經濟規模巨大，中國人開始獲提名擔任兩個機構的高級官員。

「環球銀行金融電信協會」（Society for Worldwide Interbank Financial Telecommunication, SWIFT）亦是美國行使金融霸權的主要工具。SWIFT 營運全球多家銀行和金融機構的訊息交換網絡，是全球金融交易的命脈。由於 SWIFT 的交易主要以美元進行，而且美國所佔交易份額巨大，所以經常被美國利用向他國施加制裁，例如俄烏大戰之際俄羅斯多家銀行遭逐出 SWIFT 系統，切斷了與全球金融系統的聯繫。二〇二二年三月十七日，幾名共和黨參議員提出阻止中俄金融協調的《遏制中俄合謀法》（CURB CIPS Act of 2022），字面意思是「限制 CIPS 法案」。

藉法例打壓中國

中國研發的 CIPS（Cross-Border Inter-Bank Payments System）及俄羅斯的 SPFS（System for Transfer of Financial Messages）皆是 SWIFT 系統的替代方案，CURB CIPS Act 旨在制裁使用 CIPS 或 SPFS 交易的任何中國金融機構，將凍結或終止任何與該機構相關的美國賬戶，或封鎖其在美國的物業資產。CURB CIPS Act 的全名為 Crippling Unhinged Russian Belligerence and Chinese Involvement in Putin's Schemes Act，誣衊中國參與俄羅斯入侵烏克蘭的計劃。CURB CIPS Act 提交參議院翌日，拜登甚至就北京對普京「言語上的支持」及「缺乏譴責」向國家主席習近平提出質疑，非常霸道。

美國對香港的處理會否如中國一樣呢？《香港國安法》通過後，美國隨即通過《香港自治法》，硬指香港已失去自治，針對中國的法律會同時應用於香港。早前我向金管局查詢有關 CURB CIPS Act 對香港的影響，金管局表示當局已預備多套防禦措施。當然這法案現階段只是提交參議院，最後需要在眾議院通過，但因為美國中期選舉臨近，每個議員都打「中國牌」，這法案或會變得更加嚴苛，所以地緣政治惡化對香港的影響確實不容忽視。

二〇二二年五月四日、七日及十日《明報》〈三言堂〉

「慢球化」時代或將來臨？

自二〇〇八年金融海嘯以來，有關全球化未來發展的議題一直受人熱議。由於近年貿易保護主義抬頭、人口及資本流動性降低，不少意見認為「逆全球化」（De-globalization）將會是未來的新發展趨勢。但亦有意見認為在各國經濟相互依賴性極高的當下，「逆全球化」並不會恆常化。

全球化指的是商品、技術、訊息、服務、資金、人員等生產要素的跨國、跨地區的流動，這種流動把全世界連接成為一個統一的大市場。舉例來說，愈來愈多的跨國企業選擇將生產線設在印度。此舉既能降低人力資源成本，同時可讓本土消費者享受價格較為低廉的商品，可謂一石二鳥。

著名記者湯馬斯·佛里曼（Thomas Loren Friedman）於二〇〇五年出版著作《世界是平的》（*The World Is Flat: A Brief History of the Twenty-first Century*）。該書大事讚揚經濟全球化使各國政府降低了非關稅貿易壁壘，促進了貿易自由化。佛里曼認為貿易的自由化能緩和經濟上相互依賴的國家之間的衝突，促使威權政府民主化，確保全球經濟增長的同時亦可維持地區和平。但《經濟學人》（*The Economist*）一篇文章卻指出全球化的發展趨勢與佛里曼的預想背道而馳。

預示「慢球化」時代將會來臨

《經濟學人》於二〇二二年六月十八日刊登了題為〈連鎖反應〉（Chain Reaction）的文章，對現時全球化的發展趨勢作出分析。文章指受氣候變化、地緣政治局勢緊張及疫情等因素影響，世界各國都積極調整經濟結構以減少外在因素對本國經濟的影響，預示「慢球化」（Slowbalization）時代將會來臨。

文章指「慢球化」的來臨早有徵兆，而前美國總統特朗普所掀起的中美貿易戰則是一大推力。特朗普任內向中國、歐盟及墨西哥等經濟體徵收多項關稅，企圖懲罰競爭對手的同時，促使部份製造業職位回流到美國。就結果而言，這些措施成效不彰。成本價格的上漲令不少製造商選擇將職位遷向其他東南亞國家，對他國徵收的關稅令進口商品價格提升，使美國消費者利益受損，地緣政治局勢變得更為緊張。因應轉變，不少企業減少對單一材料供應商的依賴，嘗試建立自己的供應鏈，加速各國由經濟全球化到「慢球化」的過渡。

科技促進全球供應鏈發展

科技的發展及投資的自由化促成了全球化的現象，文章指「外國直接投資」（foreign direct investment）於全球的 GDP 佔比由上世紀七八十年代的百分之零點五增長至千禧年代中期的百分之五。

科技進步使全球供應鏈完善發展。全球商業活動得以透過航空、電郵、船運、鐵路及管道等方式連接在一起。無論我們身在何處，都可利用這些網絡與世界另一端商業往來。舉例來說，現時市面上售賣的科技產品正正是由生產自數十個不同國家的零部件組裝而成。這就是湯瑪斯．佛里曼於其著作《世界是平的》中讚揚的現象。

各種因素扭曲全球一體化供應鏈

不過全球供應鏈自特朗普發起貿易戰開始，就受到包括氣候變化、疫情，及最近的俄烏戰爭影響，運作方式出現了相當程度的變化。疫情爆發後，口罩、消毒劑等抗疫物資短缺，全球生產鏈集中生產這些必需品而減少生產其他類型的貨物；與此同時，航運業亦因為出入境防疫措施而受到打擊，扭曲了現有供應鏈。再加上俄烏戰爭影響，商品價值大幅上升。一連串的影響讓企業大感震驚，亦意識到全球一體化供應鏈很容易因外在影響而扭曲。

這些生產鏈的異動早於幾年前已見端倪，其中一大原因是由於中國薪酬水平上升、工人短缺，及中國逐漸推動高端產業並摒棄低增值產業所致。美國企業來自海外的盈利早已放緩，全球的貿易及資金流通陷入停滯，更重要的是愈來愈多海外企業開始利用自動化技術以降低對海外勞動力的依賴並提升自身競爭力。以上種種因素所產生的連鎖反應將會使「慢球化」成為未來幾年的發展趨勢。

文章指，二〇〇〇年時一個中國人的平均年度收入只有美國工人的百分之三，但該數字隨着中國於二〇〇一年加入世界貿易組織後穩步上升，二〇一九年時一個中國工人的平均年度收入已達到美國工人的百分之十六。換句話說，跨國企業可從兩地薪酬差額中獲取的邊際利潤已大幅縮減。

天災揭示全球一體化供應鏈的脆弱性

除去上述因素，近年亦發生了其他動搖跨國企業對全球一體化供應鏈信心的事件：二〇一一年日本東北大地震令日本汽車工業停擺，同時亦影響了矽晶片（silicon wafer）的生產；次年，作為硬碟生產樞紐的泰國遭遇嚴重水災，使得全球硬碟供應短缺。短時間內出現如此多天災，揭示了全球一體化供應鏈的脆弱性，令跨國企業不得不重新審視應否繼續依賴單一供應樞紐。

新冠疫情是關鍵

不過，無論是特朗普發起的貿易戰或天災這類不可抗力，都不是迫使跨國企業改變全球一體化供應鏈模式的關鍵因素。世界銀行的研究員指出，中國到二〇一九年在包括化工、電子產品及紡織品等多個領域掌控跨國企業四分之一的供應額。真正壓垮駱駝的最後一根稻草是新冠疫情。

由於各國在疫情初期都嚴重缺乏口罩、保護衣物、醫療呼吸機等物資，大眾市民都紛紛搶購，偏偏當時疫情嚴峻的中國又是這些醫療物資的重要供應樞紐，使得供求嚴重失衡。加上中國久久沒有大規模放寬出入境防疫措施，令這些跨國企業在中國境內設置的生產線業務大受影響，同時意識到自己國內缺少生產特定範疇必需品的能力，不得不改變供應鏈模式以作應對。

俄烏戰爭加劇各國焦慮

另一方面，俄烏戰爭對全球能源、糧食供應造成巨大震盪，加劇了各國對繼續依賴進口商品的焦慮。

以美國為例，不少美國政客紛紛提出部份關鍵性零部件不應完全依賴外國進口，而是應該鼓勵本地關鍵製造業的發展。受此浪潮影響，美國總統拜登亦提出了「重建美好未來」方案（Build Back Better Plan），提出要用約七萬億美元的預算去注資社會福利計劃、改善美國基礎建設，以及推動包括半導體製造業在內的關鍵產業發展。方案以政府資助為誘因，試圖吸引製造商將生產線重新搬回美國。

美國財政部長耶倫（Janet Yellen）亦認為美國應將關鍵原材料、技術及商品控制在自己手中，以防其他國家利用其市場優勢對美國經濟造成衝擊或擴大其地緣政治影響力。因此，美國現時已將生物技術軟件（biotechnology software）及先進半導體（advanced semiconductor）列入限制出口名單當中。

文章同時指出，現時世上有超過一百個國家，佔全球GDP百分之九十，都已制訂了正式的產業政策，明令在本國生產的關鍵產業禁止向外國出售關鍵性原料、零部件及貨品。

但即使各國有心減少對全球一體化供應鏈的依賴，目前尚未有證據顯示生產商有將生產線搬回國內的跡象。以 GDP 比例來計算，美國現時投資在工廠、倉庫等等的花費只比二〇一〇年代早期略高，但遠遠低於一九七〇至一九八〇年代的數字。這正正顯示由外國進口原料、零部件及製成品的供應鏈模式已成為慣性。縱然有頂層政策規劃大方向，各國在生產商皆未能配合的當下亦無法即時脱離全球一體化的供應鏈。

企業調整經營策略應對挑戰

根據管理諮詢公司麥肯錫的調查，百分之八十一的受訪供應鏈領導者已不再依賴單一供應商，而是改由至少兩個供應商提供原材料。投資銀行高盛亦指出，有證據顯示美國現時正增加原料進口國的數量以減少依賴個別供應樞紐。

除此之外，過往不少企業亦會使用準時制庫存來減少庫存及其所帶來的附加成本，如建造新倉庫及更新設備所產生的費用。這種做法非常依賴高精準度的物流調動，並不適用於物流業因新冠疫情而失去大量運力的當下。不少企業因此或建造新的倉庫，或申請延長免倉期以確保有足夠的存貨，入口商及製造商的成本無可避免地上升。

另一種確保原料及零部件供應的方法為垂直整合（vertical integration），即俗稱的「一條龍」生產模式，企業由原材料生產、零部件加工，到最後的成品製作都一手包辦。由於當中涉及的成本過高，故採用此模式的企業不多，但亦有例外。美國的電腦行業由於利潤可觀，因此垂直整合性亦較其他行業高。現時美國國會通過了不少法案，增撥大量資源投資美國本地的半導體製造業以壟斷由晶片製作、建造儀器，到最後成品等過程中所產生的龐大利潤。

但是，不論企業如何調整經營策略去降低全球一體化供應鏈對自身的影響，要擺脫對部份佔主導地位的產業供應鏈的依賴並非一朝一夕可做到。舉例來說，現時中國的電池製造業、光伏製造業及礦業在全球供應鏈仍佔主導。美國製造業如不投入大量創建投資（greenfield FDI）去興建設施、發展產業，恐難以擺脫對其的依賴。

《經濟學人》的文章推斷，縱使「慢球化」會隨着各國減少對單一供應樞紐的依賴而成為主流發展趨勢，全球化過程亦不會因此而逆轉。

二〇二二年七月三日、六日、九日、十二日及十五日《明報》〈三言堂〉

說客

說客是歷史十分悠久的行業，在中國至少有二千多年歷史；以春秋戰國時期發展最為蓬勃。春秋戰國時期的著名說客包括蘇秦、張儀等人，他們皆憑藉三寸不爛之舌，四出進行游說工作。以張儀為例，他主張以「連橫」破「合縱」，並出使游說各諸侯國，使各國由抗秦轉變策略為親秦，奠定了後來秦統一中原的根基。

國與國之間的交往須雙軌進行，除了正式、官方渠道的「外交照會」（Démarche），亦有賴說客在幕後推波助瀾。在美國，進行游說工作須申請牌照，行業透明度相當高。美國首都華盛頓的K街（K Street）是眾多智庫、游說組織和倡導團體（advocacy groups）的集中地，可見美國說客行業之盛行。

我於一九九〇年代擔任政府的副工商司，當時美國對香港實施反傾銷制裁，導致香港需與美國進行雙邊貿易談判。還記得當時美國正值總統選舉，外界普遍預期克林頓（Bill Clinton）將當選，因此建議駐華盛頓經濟貿易辦事處聘請「克林頓之友」（Friends of Bill, FOB）或「希拉里之友」（Friends of Hillary, FOH）進行游說工作，以增加有關工作的勝算。

最後，駐華盛頓辦事處聘請了埃森斯塔特（Stuart Elliott Eizenstat），即後來克林頓政府的國際貿易商務部副部長。

駐華盛頓辦事處的香港官員想約見白宮或任何美國官員都困難重重——由應與誰聯繫到如何確保美國官員願意接見，皆無從入手。當時參與游說工作的駐華盛頓辦事處職員憶述，說客的影響力極大，可帶領香港官員登堂入室拜訪美國官員。許多人在成為說客前，均擔任募捐人，協助政客籌款支撐選舉活動。因為背後的強大網絡，說客在政壇上叱咤風雲。

二〇二二年十月二十八日《明報》〈三言堂〉

TikTok的游說工作

根據市場研究機構報告數字，二〇二二年第一季全球應用程式下載量達到三百六十九億次。其中，TikTok以三十五億次的下載量，成為二〇二二年第一季下載量最高的應用程式；其下載量更超越了Meta旗下的Instagram、facebook及WhatsApp等人氣應用程式。由此可見，TikTok在全球市場獲得巨大成功。

但自二〇一九年起，美國政府以TikTok對美國國家安全構成嚴重威脅為由，頻頻出招打壓。據報道，為扭轉局面，TikTok實行"TikTok"及「抖音」分家的經營策略，即「內地抖音、境外TikTok」，將TikTok及抖音塑造成兩個獨立品牌，切斷TikTok與中國的聯繫。其中，TikTok表明因為香港市場發展空間有限，因此無意在香港拓展TikTok業務，實際上是希望TikTok能完全脫離中國——香港是中國的特別行政區，若TikTok在香港開拓業務，可能會淪為美國政府及政客的把柄，抹黑TikTok透過香港業務收集用戶個人資訊並上呈中央。

母公司是中國企業難逃美國猜忌

TikTok 的母公司字節跳動是中國企業，令 TikTok 難逃美國政府的懷疑和猜忌。除了貫徹「內地抖音、境外 TikTok」的經營策略，TikTok 亦積極在美國進行游説工作。根據《彭博商業週刊》（*Bloomberg Businessweek*）報道，TikTok 對聘請星級説客毫不吝嗇；TikTok 的星級説客團隊包括美國前總統特朗普的助理、眾議院少數黨領袖凱文．麥卡錫（Kevin McCarthy）及眾議院多數黨領袖斯坦利．霍耶爾（Steny Hoyer）等人，他們均為美國政壇上極具影響力的人士。由於美國政府及政客非常關注用戶個人資料的去向和如何確保社交平台不會淪為散播色情、暴力內容和不法分子挑起仇恨的平台，因此，説客的主要任務就是向他們解釋 TikTok 的私隱保護政策及內容審核機制。

根據美國聯邦數據資料庫數字，字節跳動投入龐大資金，就 TikTok 對美國政界進行游説工作。在二〇二二年第二季，字節跳動的美國游説活動支出高達二百一十四萬美元，對比上季度增加了一點三倍，更是二〇一九年披露游説費用以來首次單季度支出突破二百萬美元。可是，我認為並不是大灑金錢就能做好游説工作。事實上，TikTok 的游説工作仍然有所欠缺，導致未能爭取美國政界尤其是共和黨鷹派人士的信任。

首先，縱使TikTok四出向美國政府及政客解釋他們的私隱保護政策，仍然難以消除政界對TikTok的猜忌；美國政府及政客始終懷疑TikTok會將用戶數據上呈中國的中央政府。

其次，TikTok未有正式約見眾議院的共和黨領導及共和黨內的鷹派人士。之前參眾兩院均由民主黨控制，TikTok的游說工作因而側重民主黨人。但美國將於二〇二二年十一月八日舉行中期選舉，到時，美國國會的形勢可能會有變。若共和黨成功奪取參眾兩院或其中之一的控制權，那麼針對共和黨人的游說工作將變得更加重要。

TikTok與美國政界之間存在「信任逆差」

美國依然頻頻出招打壓TikTok。每當TikTok代表連同其他社交媒體的代表出席美國國會會議接受質詢，TikTok代表往往會成為眾矢之的。美國外國投資委員會（Committee on Foreign Investment in the United States, CFIUS）亦多次審查TikTok，並提出希望TikTok能徹底脫離中國母公司字節跳動，與中國斷絕一切關係，讓TikTok獨立分拆為一家美國公司。可是這一舉措恐怕短期內難以實現。

TikTok總裁周受資（Shou Zi Chew）亦坦言，TikTok與美國政界之間存在「信任逆差」

（trust deficit）。所謂山遙路遠，TikTok 要充份取得美國政界的信任，達成游說目標，大抵還得披荊斬棘。

二〇二二年十月三十一日及十一月三日《明報》〈三言堂〉

美國針對 TikTok 動作升級

國家主席習近平在全國政協第十四屆一次會議期間，會見民建、工商聯界委員時，罕有點名批評美國，直指「以美國為首的西方國家對我實施了全方位的遏制、圍堵、打壓，給我國發展帶來前所未有的嚴峻挑戰」。外交部長秦剛亦強硬批評「美方的所謂競爭，就是全方位遏制打壓，就是你死我活的零和博弈」。

國家領導人過往鮮有點名斥責美國，多數以「某些國家」指代美國，非常克制。但今次直接撕破臉，可見國家不願繼續吞聲忍氣，毅然選擇「與狼共舞、保家衛國」。本文借美國打壓 TikTok 的各種舉措為例，剖析美國如何對中國步步進迫。

要求 TikTok 從應用程式商店下架

TikTok 是抖音的國際版應用程式，母公司為內地企業字節跳動。表面上，打壓 TikTok 看似是商業行為，但事實上，美國對 TikTok 的打壓遠超一般商業手段，而是以國家安全為由，借 TikTok 打壓中國，是不折不扣的借國安之名強搶民產。

美國共和、民主兩黨同一陣線打壓中國，遏制中國，彷彿已是美國國策。TikTok 在美國擁有超過一億用戶，在特朗普任總統期間已引起美國關注。二〇二〇年，時任總統特朗普針對 TikTok 發出了兩條行政命令。第一，特朗普根據《國際緊急經濟權力法》（International Emergency Economic Powers Act）禁止 TikTok 在美國境內的下載和更新，即要求 TikTok 從應用程式商店下架，並禁止美國互聯網營運商向 TikTok 提供服務。第二，特朗普根據美國外國投資委員會（Committee on Foreign Investment in the United States, CFIUS）的建議，發出命令要求字節跳動與 TikTok 割蓆。隨後，TikTok 向法院提起訴訟，要求暫緩執行有關禁令。最終，法院批准臨時禁制令，叫停特朗普要求 TikTok 從應用程式商店下架的命令。

要求母公司字節跳動出售 TikTok

然而，雖然有法院判決為鑒，拜登上場後，美國對 TikTok 的針對似乎有增無減。二〇二三年三月初，拜登政府要求母公司字節跳動出售 TikTok，否則可能會禁止 TikTok 在美國的一切活動，徹底封殺 TikTok。然而，TikTok 認為若美國政府的最大關注為國家安全，即使字節跳動出售 TikTok 也不能釋除美國政府的疑慮。

美國政府憂慮中國透過 TikTok 取得美國用戶的數據，因此近年打壓 TikTok 的動作頻頻。美眾議院中國問題特別委員會主席加拉格爾（Mike Gallagher）更直斥 TikTok 是「數碼芬太尼」（digital fentanyl），認為 TikTok「容易上癮」且「具破壞力」，更表示 TikTok「可追溯至中國共產黨」。

TikTok 掙扎措施徒勞

事實上，TikTok 與美國外國投資委員會就保護使用者資料的方法的談判已進行兩年多，但談判陷入僵局。根據報道，TikTok 發言人表示，TikTok 已承諾斥資十五億美元與甲骨文（Oracle）合作，將所有美國用戶數據儲存在甲骨文的美國雲端伺服器上；同時，甲骨文亦會負責監察 TikTok 的「原始碼」（source code），確保 TikTok 或字節跳動不會利用任何不正當途徑取得美國用戶數據。若計劃實施，基本上與把 TikTok 的美國業務與中國業務隔離無異。TikTok 的各種舉措旨在彰顯 TikTok 致力保護用戶數據的決心，以求讓美國政府及美國用戶安心。

可是，TikTok的努力恐怕多為徒勞。美國近年可說是「逢中必反」，因此針對TikTok的動作只會「加強力度」。就算TikTok一直配合美國政府，亦難保「生路」。有評論指美國政府封殺TikTok是勢在必行，並非「會否」，而是「甚麼時候」。的確，即使TikTok下血本在美國進行游說工作，在美國看來仍沒擺脫「中國」標籤。

美國政府及議員的各種陰謀論及近期動作頻頻，實為借國家安全為由處處針對中國，強搶民產。國家安全概念明顯被濫用；美國對TikTok的不信任，只是忌諱中國的體現。

二〇二三年三月二十一日及二十四日《明報》〈三言堂〉

美國意欲扼殺中國晶片產業

美國有計劃扼殺中國的晶片（chips）製造商，意圖破壞中國的半導體（semiconductor）產業。據《經濟學人》（*The Economist*）二〇二二年四月一篇題為 Crossing the Chokepoint 的文章指出，晶片製造是一項精密的工作，依賴專門的生產設備。當中，美國的三家公司：應用材料（Applied Materials）、科磊（KLA）、科林研發公司（Lam Research），以及荷蘭的艾司摩爾（ASML）、日本的東京電子（Tokyo Electron）所銷售的設備是晶片製造乃至全球半導體產業不可替代的生產工具。美國政府擬透過實施出口管制，限制對中國出售晶片製造的先進設備，變相將晶片製造領域甚至全球科技發展作為地緣政治的角力場。

這些生產設備可以將數十億個電路刻入矽晶片，並令這些複雜的工序分毫不差地完成。例如 KLA 製造的電子顯微鏡可以掃描晶片成品的每個部份以查找缺陷和錯誤；Lam Research 製造的工具可以通過發射原子單位大小的光束在矽晶片表面上蝕刻圖案；而 Applied Materials 的機器則可以完成原子單位厚度的薄膜相關工序。晶片的成品將製成半導體，廣泛應用於屏幕顯像、手機指紋解鎖等日常生活的必要功能，以至為世界的數字經濟提供動力。

透過向中國出售晶片生產設備，上述五家供應商在二〇一四年總共向中國出售了價值三十三億美元的設備，佔全球市場銷售量百分之十，獲利巨大。Applied Materials 公司最近一個財政年度的銷售額為二百三十億美元，其中七十五億美元來自中國；Lam Research 的一百四十六億美元收入，當中逾三分之一來自中國，這個比例是所有大型工具製造商中的最大份額。

文章指出，由於美國工具製造商三巨頭皆在晶片生產過程的不同步驟中佔據主導地位，對中國的依賴成了政治問題，美國政府的結論是，美國最先進的技術正在推動中國的經濟目標，因此予以抵制。

美國政府限制對中國出售製造晶片的先進設備，早在二〇二〇年十二月已將中國領先的晶片製造商中芯國際（SMIC）列入出口黑名單，任何希望向中芯國際銷售產品的美國公司必須申請許可證。不過《經濟學人》的文章指出，美國最大晶片生產設備公司 Applied Materials 憂慮中國政府的巨額資金流向美國以外的設備供應商，並表示將中國的訂單拒諸門外「可能導致美國在國際競爭對手之間失去技術領先地位」。事實上，國際半導體產業協會（SEMI）於二〇二二年四月十二日宣佈，二〇二一年晶片製造設備產業來自中國的收入增長百分之五十八，達到二百九十六億美元，鞏固了中國作為全球最大市場的地位。

美國的設備製造商於二〇二一年底成立了「半導體設備製造商聯盟」（Coalition of Semiconductor Equipment Manufacturers），並在過去四個月以華盛頓的游說公司 Akin Gump 為代表，與美國政府和國會議員磋商有關向中國輸出產品的空間。Akin Gump 的律師團隊仔細研究美國三大設備製造商 Applied Materials、KLA、Lam Research 的產品，試圖向政府建議一個折衷的出口管制方案。方案建議非用於尖端製造的設備仍可出售給中國，但更先進的設備則禁止出口，務求使美國設備製造商仍可享有部份來自中國的收入。

美國政府限制對中國出售製造晶片的設備，可能導致盟友日本的東京電子，乃至荷蘭的艾司摩爾對中國實施同樣的出口管制，進一步影響中國的晶片生產以至半導體產業。美國商務部長雷蒙多（Gina Raimondo）更透過 Twitter 公開表明晶片製造已是「國家安全問題」。美國政府泛化國家安全，濫用出口管制措施對他國企業、機構及個人持續打壓，嚴重破壞國際經貿秩序和全球產業鏈。這些損害他國的行徑，同時不利於美國，不利於整個世界。

二〇二二年五月二十八日及三十一日《明報》〈三言堂〉

美國「以己度人」荒謬絕倫

美國國防部部長奧斯汀（Lloyd Austin）在列根國防論壇（Reagan National Defense Forum）上發言，指「中國是唯一一個既有意願，也愈來愈有能力重塑地區和國際秩序，以滿足其威權主義偏好的國家」，將中國塑造成世上最大的安全威脅，這番言論簡直是荒謬絕倫。

根據澳洲公共政策雜誌 *Pearls and Irritations* 的數據庫，美國在全球八十個國家擁有約七百五十個海外軍事基地；而中國則只有一個海外軍事基地，位於東非吉布提。兩國海外軍事基地數目有天淵之別，但美國屢次三番就中國的軍事力量作嚴厲警告，真是匪夷所思。

奧斯汀曾派駐歐洲，也曾指揮美軍在阿富汗、伊拉克等地的行動；但從未與中國有過長期的正式接觸，對中國的了解顯然止於表面、偏離事實。

再者，根據美國的發展軌跡，一旦美國變得強大，便會攻擊、侵略他國。但中國的情況大相逕庭，在現代中國，只有邊境衝突，侵略一舉是聞所未聞。美國如此忌諱中國的軍事力量，恰好反映美國自身好戰、想稱霸全球的心態，美國其實是「以己度人」，認定中國也如美國那樣，國力提升後便會侵略他國謀求成為軍事王國。

擔任防長前，奧斯汀在卸任奧巴馬政府的中央司令部司令後，加入了大型國防承包商雷神技術公司（Raytheon Technologies Corporation）。國防部與軍事工業複合體（Military-Industrial Complex, MIC）之間的關係千絲萬縷，奧斯汀的自身經歷便是最佳範例。國防部與軍事工業複合體休戚相關、利益一致，美國不斷追求提升軍事硬件，承包商接獲的政府訂單便以數十億美元計。奧斯汀「以己度人」，以為中國也有同樣氛圍，但事實並非如此。

國家主席習近平表示中國會「堅持維護世界和平、促進共同發展」。的確，中國地大物博、人煙浩穰，國內已有許多事情要兼顧，根本無暇「搞稱霸，搞擴張」。由此可見，「以己度人」、無中生有的美式思維才是對世界和平的最大危害。

二〇二二年十二月九日《明報》〈三言堂〉

向美國說「不」

白宮國家安全顧問蘇利文（Jake Sullivan）表示，美國與中國在電腦學、生物科技、清潔能源技術等領域上的競爭正處於「關鍵的十年」。此外，美國二〇二二年發佈的《年度中國安全報告》（*Military and Security Developments Involving the People's Republic of China*）預示到二〇三五年，中國將擁有約一千五百枚核彈頭。可見美國一直關注中國在軍事及科技實力方面的發展，更已在國內形成一種戰略思維，認定中國就是頭號對手。

眾所周知，美國先後多次推出制裁措施，窒礙中國的半導體發展，包括在二〇二二年八月推出《晶片和科技法案》（CHIPS and Science Act），其後在十月加碼，擴大實施「外國直接產品規定」（Foreign Direct Product Rule），禁止任何使用美國技術或美國原材料製造半導體的企業（包括非美國企業）向中國出售有關產品。同時，禁止美國企業及盟友向中國出口晶片製造設備，削弱中國自行研發和生產半導體的能力。

根據《彭博商業週刊》（*Bloomberg Businessweek*）報道，美國希望重點限制荷蘭企業艾司摩爾（ASML）及日本企業東京電子（Tokyo Electron）等專門、尖端科技企業出口產品予中國。艾司摩爾是全球最大的光刻機生產商，光刻機即生產大規模集成電路的核心裝置；而東京電子則是日本最大的半導體設備商。可是，兩家企業均對跟隨美國做法有所保留。作為美國盟友，荷蘭及日本企業基於自身經濟利益考量，拒絕完全配合美國。美國的做法過份霸道，更會衝擊企業的生意額及市場佔有率；為跟隨美國步伐而損害企業自身利益，的確是得不償失。

事實上，美國的做法會迫使盟友及其他國家「歸邊」，令國家甚至企業陷入跋胡疐尾的境地。

二〇二二年十二月十二日《明報》〈三言堂〉

中美角力經濟學

美國政界，無論朝野都視中國為頭號對手。美國竭盡全力打壓中國，不但在關稅、高科技出口、企業投資等領域施加限制措施，更「拉幫結黨」，拉攏盟友封殺中國的高科技發展。可是，有美國經濟學家的看法迥然不同，並不認同拜登政府打壓中國的手法。

美國史丹福大學商科學院（Stanford Graduate School of Business）前院長、二〇〇一年諾貝爾經濟學獎得主斯彭斯（Michael Spence）對中國友好，更多次發表文章，讚揚中國的宏觀經濟發展格局。近日，他在胡佛研究所（Hoover Institution）期刊 *Hoover Digest* 刊登題為 We can Work it Out: Competition Between China and the United States Can Still Do Both Countries a World of Good 的文章，指出中美角力對雙方甚至全世界大有裨益。

創造性破壞顛覆既定模式

斯彭斯表示創新可提升生產力，是長遠經濟增長的催化劑。他引述奧地利社會學家熊彼

得（Joseph Schumpeter）提出的「創造性破壞」（Creative Destruction）學說以支持自己的論點。在「創造性破壞」的過程中，每當有新科技出現，新科技總會有顛覆性，並會破壞舊有的辦事方式、推翻舊有規範；生產力從而得到提升。

熊彼得在其一九四二年的著作《資本主義、社會主義與民主》（*Capitalism, Socialism and Democracy*）中首次提出「創造性破壞」一說。他在書中明言：「開動和保持資本主義發動機運動的根本動力，來自資本主義企業創造的新消費品、新生產方法或運輸方法、新市場、新產業組織的形式。」可見，重點在於「新」；只有創新才能推動發展。

舉幾個「創造性破壞」的例子，本港隧道近年積極運用科技增強交通管理效能。若「不同時段不同收費」和「不停車繳費」全面實施，將不再需要依靠人手收費，收費員這工種將被淘汰。入境處的人事登記亦然，從前，市民需填妥表格並交回入境處，入境處職員再拍攝表格，以縮微膠卷（microfilm）形式儲存。但現時，隨着科技蓬勃發展，人事登記紀錄全面電子化，縮微膠卷被徹底淘汰。由此可見，科技能通過「創造性破壞」的過程顛覆本來的既定模式，同時會創造新的工種、產品、購物模式等。

破壞性創新打破傳統束縛

類似概念還有哈佛大學教授克里斯坦森（Clayton Christensen）提出的「破壞性創新」（Disruptive Innovation）。顧名思義，「破壞性創新」可能會使現有市場生態不復存在，但亦有助打破傳統的束縛，為擴大和開發新市場提供新方法。

創新有助提升生產力，是長遠經濟增長的催化劑。因此，推動創新至關重要。斯彭斯認為，政府可在創科生態圈的上游加大投資，支援基礎研究工作，以推動創新。之後，透過私人企業參與競爭，不斷以「創造性破壞」的方式，顛覆原有事物及習慣。

先驅者約束挑戰者的實力

然而，「創造性破壞」的過程並不能自我調節；先驅者往往會產生危機感，尋求運用市場力量約束挑戰者的實力，消除競爭，保住霸權地位——中美角力便是這樣——美國運用各種行政及法律手段遏制競爭，削弱來自中國的威脅。斯彭斯認為美國政府此等行為並不可取。他續指，政府應制訂措施禁止或適當限制反競爭手段。然而，美國政府的行為明顯與斯彭斯的倡議背道而馳。美國政府甚至牽頭實施反競爭措施，更多次加碼，務求全方位打壓中國。

美國政府的主要手段包括限制中國的資訊、人力資源、主要原料獲取及市場進入。斯彭斯稱美國行為屬「劣質戰略競爭」（bad strategic competition），並指限制競爭只會損害雙方利益以至全球經濟。

美國濫用國家安全概念

良性競爭理應促使各方進步。不過，斯彭斯認為良性競爭也有底線，在某些領域的良性競爭是烏白馬角——國家安全、防禦及軍事力量。

在美國，「國家安全」的概念被嚴重濫用，美國政府經常偷換概念，幾乎把所有事項都包裝成國家安全問題，從而打壓中國發展。

過去，美國曾多次以「威脅國家安全」為由限制中國企業在美國的經濟活動。早於二〇〇五年，中國海洋石油集團有限公司（China National Offshore Oil Corporation, CNOOC）宣佈以一百八十五億美元參與競購美國加州石油企業優尼科公司（Unocal），是一眾競投者中的最高出價。可是，美國雪佛龍公司（Chevron）最後以一百七十九億美元的最終出價成功併購優尼科。根據價高者得的簡單道理，中海油理應是最有力得標者，卻在成交前突然放棄收購。根據當年的報道，當時的競投極度政治化，美國政府明言，讓中國企業收購美國企業會對經濟及國家安全構成威脅。最後，中海油以「政治不確定性」為由放棄收購。

到二〇一三年，中國雙匯國際以四十七億二千萬美元成功收購美國史密斯菲爾德食品公司（Smithfield）；但收購過程絕不輕鬆——談判工作歷時四年，亦須通過美國外國投資委員會（Committee on Foreign Investment in the United States, CFIUS）的國家安全審查，可謂過五關斬六將。雙匯二〇一三年的收購雖然成功，但隨着中美角力升溫，難保美國政府日後不會以食物安全為由阻撓類似的經濟活動。對美國來說，國家安全當然涵蓋食物安全！

美國前財政部長薩默斯（Larry Summers）接受電視台訪問時明確表示，以「推倒中國」為主要目標是「危險」（risky）且「不幸」（unfortunate）的選擇，他認為與其處處打壓中國，美國不如集中精力自我提升。或許，美國是時候聽經濟學家的話，重新審視中美關係。

二〇二二年十二月十五日、十八日及二十一日《明報》〈三言堂〉

和氏璧與台積電

完璧歸趙這成語耳熟能詳，背後是一則著名典故。根據歷史記載，在春秋戰國時期，和氏璧由楚國人卞和發現。和氏先後兩次把玉璧獻給楚王，但均被鑒定為石頭。直至第三次，當時的國君楚文王才意識到的確是一塊美玉，並將該玉璧命名為「和氏」。因局勢動盪，和氏璧輾轉落入趙國之手。當時，秦昭襄王非常想得到和氏璧，因此派人遣書趙王，表示願意以十五座城池交換和氏璧。此事令趙國左右為難，若奉璧予秦國，則害怕秦國違背諾言，得不到城池；不把玉璧給予秦國，又害怕被秦攻打。趙國其後派藺相如攜璧出使秦國。在經歷多番波折後，藺相如最終智取秦王，全身而退，完璧歸趙。後來，傳說和氏璧被雕琢成為傳國玉璽，是「王權天授、正統合法」的信物，象徵正統的王權。

得台積電得天下

在今時今日的高科技爭奪戰中，也有一塊和氏璧——台灣積體電路製造（Taiwan Semiconductor Manufacturing Co., Ltd.，簡稱台積電或 TSMC）。台積電是一家從事晶圓代工的公司，更為全球最大規模的半導體製造廠商。因此，台積電的地位好比和氏璧，多方爭奪，認為「得台積電便得天下」。台積電也的確價值連城，若冀成為科技強國，則必須掌握研發和生產半導體的技術；半導體晶片是所有先進產品的關鍵配件。二〇二〇年五月十四日，台積電宣佈將在美國亞利桑那州鳳凰城設廠，並於二〇二二年十二月六日舉行移機典禮，正式投入生產。

台積電身不由己

台積電到美國設廠其實也是進退兩難、身不由己。第一，若到美國設廠，有機會影響台灣的本地生產總值，因為台積電在美廠房的收益將撥入美國國內生產總值。第二，台積電的美國廠房將有大量美國員工，面對高階技術外洩的風險。

第三，台積電有在紐約證券交易所（New York Stock Exchange, NYSE）上市，即有許多外資企業及外國人士持有台積電的股票，美國資本對台積電的重要性舉足輕重。若拒絕美國邀請，不到美國設廠，對台積電的資金流及股價可能會構成影響。

第四，台積電到美國設廠會導致台灣人才外流。在赴美設廠計劃下，大批台積電的台灣員工會調派往美國，包括大量高階工程師，是重要人才。據報道，首批由台赴美的工程師有大約一千人。往後，隨着美國廠房業務步上軌道，生產線或會繼續擴充，相信赴美人數只會有增無減。當中，更有大批赴美員工舉家移民，外界相信這批人士大多數會一直留在美國發展，進一步導致勞動力、工作機會、人才及消費等的外流。其實，作為非美國籍人士，赴美員工的勞工權益可能得不到充份保障。更有傳聞指出，美國台積電廠房對台灣工程師及美國工程師的待遇並不一致，台灣員工只能獲次等對待。若消息屬實，將為不折不扣的剝削。到美國發展可能看似表面風光，實則暗湧處處。

在美設廠不符成本效益

在商業考量上，台積電到美國設廠也稍欠理據。在美國設廠的營運及製造成本遠高於台灣，會嚴重影響台積電的盈利；在美國設生產線其實不符合成本效益。

台積電創辦人張忠謀在出席美國智庫活動時公開表示，早於二十五年前，台積電已在美國華盛頓州卡默斯市設廠，該次經驗已讓台積電深刻意識到美國的生產成本有多高。他續指，美國的生產成本比台灣高出約百分之五十。雖然華盛頓州廠房仍有盈利，但利潤根本無法媲美在台灣的生產線，因此有理由推斷，今次在亞利桑那州鳳凰城設廠亦會面臨同樣狀況，台積電盈利受影響，台灣政府亦將流失對應稅收。作為台灣的大企業，台積電對台灣稅收的貢獻可想而知。

影響台灣的地緣政治形勢

台積電到美國鳳凰城設廠，對台灣的地緣政治形勢有明顯影響。鑒於台灣問題的敏感性，台灣無可避免地夾在中美角力的縫隙，成為美國對抗中國的棋子；台積電的角色至關重要。台積電到美國設廠，等同把台灣最珍貴的產業搬到美國，向美國奉上技術，讓美國有多一條台積電生產線，意味着美國掌握多一項能左右台灣的籌碼。即使在美國設廠將影響台積電的盈利，亦會對台灣的本地生產總值有負面影響，估計台灣政府以至台積電也無計可施。

美國損中國而不利己

總體來說，為抗衡中國，美國矢志限制中國半導體產業的發展，已是板上釘釘的事。但其實，美國對中國實施的反競爭措施根本是損人不利己。中國擁有龐大市場，也是美國半導體相關企業的大客戶。美國限制企業出口到中國，只會令企業的銷售額及盈利大打折扣。

根據報道，自限制措施實施以來，美國本地及盟友的半導體企業一直積極游說美國商務部簽發出口許可證，容許企業恢復出口至中國；證明企業均深刻意識到中國市場的重要性。盈利下降只會令可用於研發工作的資金萎縮，企業的創新之路將更困難。美國禁止出售半導體予中國，在無法依靠進口的情況下，中國被迫自主研發半導體。長遠而言，若中國逐漸建立起其自主研發及生產半導體的能力，將不再需要依靠進口，只會進一步損害美國及其盟友企業的利益。

到美國鳳凰城設廠，讓台積電跋前疐後——台積電由大量美國資本持有，亦手握大量來自美國的訂單；但同時，在美國設生產線會損害台積電以至台灣的整體利益。若台積電被美國進一步掏空，台灣將剩下甚麼？業界普遍預期，台積電到美國設廠，只會水土不服，令生產力下降，從此步入衰落。

二〇二二年十二月二十四日、二十七日及三十日《明報》〈三言堂〉

從 Nvidia 看半導體的重要性

美國禁止本地及盟友企業輸出半導體及半導體製造設備到中國，反映美國極度重視半導體產業，不容許高端技術落入對手手中。半導體非常重要一說大家肯定聽得多，但半導體及半導體企業到底重要性何在？為何會成為兵家必爭之地，甚至經常與國家安全扯上關係及被定義為戰略性行業？本文以美國半導體企業 Nvidia 為例，一探究竟。

無廠半導體公司不負責產品生產

首先簡單介紹一下 Nvidia。Nvidia（Nvidia Corporation，中譯「輝達」）於一九九三年創立，是一家無廠半導體公司。無廠半導體公司意即只負責設計、研發、應用和銷售晶片，但並不負責產品生產的企業。Nvidia 的主要業務為設計及研發圖形處理器（Graphics Processing Unit, GPU），一種專門在個人電腦、平板電腦、智慧型手機、遊戲機等裝置上執行繪圖運算工作的微型處理器，又稱顯示晶片，即 display chip，也是任何電子產品不可或缺的部件。

GPU 可說是由 Nvidia 所發明。一九九九年八月，Nvidia 發表了產品 GeForce256 繪圖處理晶片，亦是行業內首次有企業提出 GPU 的概念。此前，在電腦中負責影像輸出功能的顯示晶片，鮮少被視為一個獨立的硬件結構。簡單而言，GPU 的性能愈強大，影像顯示的清晰度、流暢性等效能就愈高。

綜觀市面上最高規格的個人或電競電腦，許多也採用 Nvidia 的 GPU。此外，Nvidia 還有涉獵遊戲機市場，著名的遊戲機主機，包括微軟的 Xbox、索尼的 PlayStation（PS）及任天堂的 Nintendo Switch 也曾經或正在使用 Nvidia 所設計的晶片；遊戲機性能也獲世界一致公認，可見 Nvidia 產品性能之強大。

每逢 Nvidia 推出新產品，都會掀起一股熱潮，並定義為顛覆性的技術。根據美國投資資訊網站 Seeking Alpha 的文章，Nvidia 的晶片也是人工智能（Artificial Intelligence）發展的支柱。人工智能和機器學習（machine learning）需要極高的運算能力才能成事，因此，必須依賴 GPU 加速運算的速度及縮短完成運算的所需時間。除了 GPU，近年 Nvidia 還積極自主研發稱為「電腦的大腦」的中央處理器（Central Processing Unit, CPU）。

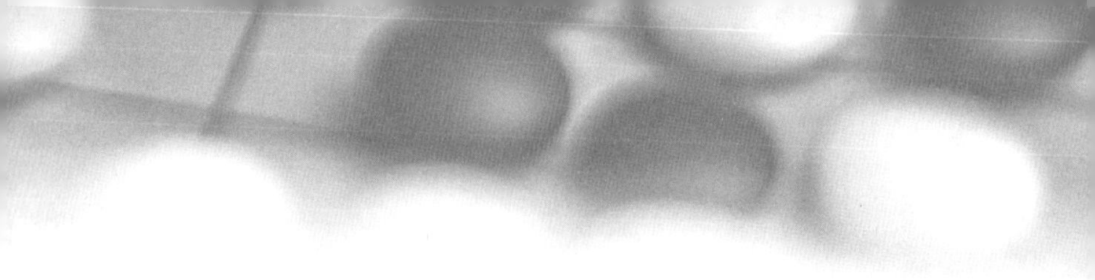

Nvidia 與 Oracle 結盟

Nvidia 的人工智能業務之所以能蓬勃發展，是建基於其龐大的數據中心。二〇二二年十月，雲端服務巨頭 Oracle（甲骨文）宣佈與 Nvidia 長期結盟，啟動為期數年旨在運用加速運算與人工智慧，擴大人工智能在企業層面的應用的計劃。當中，將會利用 Oracle 的雲端運算服務（Oracle Cloud），並結合 Nvidia 全球聞名的 GPU 技術，為企業提供能大規模進行人工智能訓練和深度學習推論的產品。Oracle 行政總裁凱芝（Safra Catz）表示，Oracle 與 Nvidia 結盟可催生新技術，服務醫療、製造、電訊和金融服務等領域；Nvidia 行政總裁黃仁勳則稱，加速運算與人工智能是企業應對日益上升的營運成本的關鍵工具。由此可見，人工智能對未來的商業活動及企業營運有舉足輕重的作用。

只要運用 Nvidia 的人工智能平台，企業便能針對其業務性質，開發客製化的人工智能解決方案，將人工智能充份應用於日常業務。Nvidia 的現有人工智能產品的應用範圍非常廣泛。以 Nvidia Clara 為例，該人工智能平台可對疾病進行早期檢測、診斷和治療，同時亦可用於藥物研發、基因分析及醫學影像（medical imaging）。

擴大人工智能領域

金融方面，德意志銀行（Deutsche Bank）宣佈將與 Nvidia 合作擴大在金融服務領域採用人工智能與機器學習。其中，希望能借助人工智能進行風險價值（risk valuation）、價格發現（price discovery）及回溯測試（model back testing）等，協助股票交易員更有效管理風險。

未來是半導體引領的時代

回歸根本，半導體其實是一種材料的總稱。半導體具有特殊物理性質，導電度（electrical conductivity）介乎電導體（conductor）和絕緣體（insulator）之間，可藉外部電壓改變材料的導電能力，也因此得名半導體（semiconductor）。

有了半導體，才有高性能的電腦、手機、平板電腦等的誕生。此外，半導體也能促進汽車、航空、醫療設備等的發展，更可大幅提高電子設備的能源效能。半導體的應用非常廣泛，可說是任何電子設備不可或缺的部件；由此可見，未來不啻是由半導體引領的時代。

作為半導體龍頭之一，Nvidia 與一眾半導體企業同病相憐，受到美國政府的半導體出口禁令所限制。二〇二二年八月底，美國出手限制 Nvidia 的高階晶片輸入中國。其後，雖然美國政府給予 Nvidia 一年緩衝期，但 Nvidia 依然深陷中美角力的漩渦之中。Nvidia 代表曾表示，二〇二二年八月至十月，受限產品對中國銷售額為四億美元。根據市場相關人士的估算，這相當於 Nvidia 整體銷售額的百分之七。

半導體及半導體企業對一個國家如此重要，美國自然處處限制半導體的出口。但事實上，美國針對中國的出口限制措施根本是損人又損己。每逢有限制措施出台，大多會導致受影響企業的股價急挫。這代表市場明確意識到，中國市場對美國半導體產業的重要性。正如外交部多次表示，美國的種種舉動嚴重違反國際經貿規則及公平競爭原則，破壞正常市場秩序。中美在高端科技領域的角力，到底何時是盡頭？

二〇二三年一月二日、五日及八日《明報》〈三言堂〉

中美媒體各為其主

最近國際上發生了幾件大事，傳媒的報道角度左右世人的觀感。

第一宗，二〇二三年二月八日，美國資深調查記者赫什（Seymour Hersh）發表了一份五千字的調查報告，直指二〇二二年九月二十六日發生的北溪天然氣管道爆炸屬人為事件，且是由美國主導。美國政府回應指報告純屬虛構、荒謬絕倫，而美國傳媒更是鮮有提及這報告。那邊廂，中國媒體則大肆報道，引起了極大迴響。外交部發言人更強硬回應指若報道屬實，「這是不可接受，並且必須受到追責的行為」，敦促美方「向世界作出負責任的交代」。

第二件事是「情報氣球」事件。西方傳媒不斷渲染，連日大肆報道。中方反指美方誇大事實，反應過度，多次重申美方報道中提及的所有氣球均為民用、商用。雖然後來美國承認沒有確實證據顯示氣球與中國有關，但美方傳媒的廣泛報道反映，美國希望借氣球事件大造文章，甚至將事件描繪成中國入侵美國，企圖製造恐慌，煽動民眾的反華情緒。

此外，土耳其和敘利亞地震實在令人心痛，但針對這場天災，中美傳媒的關注點大不同。中國全力參與救援，並派出國家救援隊遠赴土耳其協助搜救。中方傳媒全程跟拍，追蹤報道救援隊在土耳其的英勇事蹟。相反，美國傳媒較少提及他們也派遣了七十九人的搜救隊前往營救，反而稍微將地震政治化。因為敍利亞戰亂，美國自數年前已對敍利亞實施多方面制裁。即使發生大地震，美國依然政治先行，表明拒絕向敍利亞政府提供直接援助。根據報道，美國只是通過財政部簽發特別命令，容許民間組織對敍利亞提供人道救援。

從上述三件事所見，縱使針對同一事件，中美傳媒的報道重點可以南轅北轍，傳達的訊息也天差地別，若人民只接收單一渠道或立場的資訊，便難以窺透事件全貌。

二〇二三年二月二十五日《明報》〈三言堂〉

要說出好的故事

《經濟學人》（*The Economist*）報道引述哈佛大學、耶魯大學及荷蘭格羅寧根大學的共同研究，指中國的宣傳攻勢在海外效果顯著。在該項研究中，來自十九個國家的六千人分成四組。其中一組為安慰劑對照組，研究人員分別向另外三組展示來自中國的宣傳材料、美國政府的訊息及上述兩者。其後，研究人員會問參加者對中美兩國經濟和政治的看法。

研究結果顯示，第一組，被展示中國宣傳材料的組別對中國好感度高；多數參加者均表示相較於美國，他們對中國的體制更有好感。第二組，美國政府發佈的訊息也產生類似效果，但影響較小。在第三個組別中，參加者普遍傾向對中國較有好感。換句話說，中國的宣傳材料成功說服參加者「中國政府是能者居之（competent leadership），且能促進增長（growth）和帶來穩定性（stability）」。若以參加者的國籍劃分，中國的宣傳材料對於非洲及南美洲群眾的效果最為明顯；而英國、法國、德國及美國籍人士則對中國的宣傳最不為所動。

文章續指，研究用的中國宣傳材料由中國環球電視網（China Global Television Network,

CGTN）製作。CGTN是中國在海外的主要宣傳媒介，是中國國有媒體中央廣播電視總台（China Media Group, CMG）旗下的外語電視網，由中共中央宣傳部領導。翻查資料，CGTN的海外辦事處遍佈世界各地，並以英語、法語、西班牙語、俄語及阿拉伯語多種語言廣播。顯然地，可見中國正積極地運用媒體在海外發揮影響力，宣揚「可信、可愛、可敬的中國形象」。

至於香港，特區政府開展的「你好，香港！」推廣計劃，是好的開始，下一步，特區政府應精心策劃，有效運用媒體來「說好香港故事」。

二〇二三年二月二十八日《明報》〈三言堂〉

特朗普在國會騷亂中的角色

二〇二一年一月六日，親特朗普示威者史無前例地衝入國會山莊大肆破壞並造成五人死亡，是次事件定性為叛亂（Capitol Riot）。美國眾議院就這事成立的特別委員會（Select Committee）於二〇二二年六月九日開始的調查引起美國政界熱議。

首先是前副總統迪克．切尼（Dick Cheney）的女兒利茲．切尼（Liz Cheney）。這位反特朗普的共和黨人，位列特別委員會副主席，她因為於第二次特朗普彈劾案中投下贊成票而被罷免眾議院共和黨會議主席一職。《新聞週刊》（*Newsweek*）於六月十日的報道中列出了切尼在首次公聽會的發言重點，重點指時任總統特朗普鼓吹示威者吊死時任副總統彭斯（Michael Richard Pence）。

特朗普疑對彭斯懷恨在心

根據美國廣播公司新聞事業部記者卡爾（Jonathan Karl）於二〇二一年三月十八日與特

朗普所做的採訪，特朗普疑不滿彭斯未有為其推翻二〇二〇年美國總統大選的選舉人團投票結果（electoral vote）而懷恨在心。當特朗普聽聞示威者叫嚣要吊死彭斯時，居然講出「我們的支持者是對的」（maybe our supporters have the right idea）、「彭斯罪有應得」（Mike Pence deserves it）等駭人聽聞的言論。

美國絞刑的私刑化最早可追溯到獨立戰爭時期；後於南北戰爭中被3K黨（Klu Klux Klan）作為恐嚇黑人的手段廣泛使用；直至一九七〇年代的西部片仍然充斥着匪徒使用絞刑的場面。身為美國總統，特朗普居然公然鼓吹支持者使用這項臭名昭著的私刑，實在令人咋舌。

且不說美國的《選舉計數法》（Electoral Count Act）並未賦予參議院議長（President of the Senate，由副總統兼任）推翻點票結果的權力，美國自詡民主大國，美國總統特朗普居然拒絕承認民選結果並煽動暴力政變，言談舉止不知鼎蕫，真是貽笑大方！

國會山莊事件是「共謀暴亂」

根據《新聞週刊》的報道，切尼指美國情報部門其實於騷亂前已知悉有人於網上散佈入侵國會山莊的計劃。而當日的絕大多數被捕者都涉嫌與極右組織「驕傲男孩」（Proud Boys）及「誓言守護者」（Oath Keepers）有聯繫。前者是一個「白人至上主義」（White Supremacy）組織，其成員參與過美國境內多宗暴力衝突；後者更是一個由現役及退役軍人、警察和急救員所組成的極右翼民兵組織，過去曾多次策劃暴力反政府示威。由此可見，國會山莊事件並非單純的自發性暴動，實是早有預謀的「共謀暴亂」（Seditious Conspiracy），而特朗普在二〇二一年一月六日對支持者發表的演說則成為引發騷亂的起爆劑。須知「共謀暴亂」在美國是一項嚴重的國安罪行，特朗普向來標榜自己愛國、民主，卻慫恿支持者推翻民主選舉的結果，並威脅到國家安全，真是諷刺至極。

企圖破壞司法獨立

特朗普為推翻選舉結果而無所不用其極，在司法部引起不少風波。據《新聞週刊》引述，特朗普一直試圖游說司法部官員對外宣稱「是次選舉並不廉潔」，並要求司法部將事件交由他與共和黨議員處理，有濫用職權之嫌，但遭包括時任代理司法部長羅森（Jeffrey Rosen）在內的高級官員以該說法與事實不符為由反對。特朗普為此嘗試讓助理部長克拉克

（Jeffrey Clark）取代羅森成為部長。根據內部洩漏文件顯示，克拉克曾要求羅森及副部長多諾格（Richard Donoghue）簽署一封聯名信予包括喬治亞州在內的五個州份，謊稱司法部發現重要證據，顯示這些州份的投票結果受外來影響。所幸得悉計劃的官員及白宮幕僚以辭職威脅才令是次任命得以取消。

特朗普戀棧權位，為了維護自己脆弱的自尊心，居然冒天下之大不韙，慫恿極右團體發動暴亂、濫用職權並企圖破壞司法獨立，實在枉為總統。

二〇二一年六月二十一日及二十四日《明報》〈三言堂〉

美國司法系統難懲特朗普？

美國眾議院就衝擊國會山莊事件而舉行的特別委員會的公聽會，陸續披露事件的相關細節，大量證供指向是特朗普引發騷亂。部份媒體已將注意力從公聽會的調查轉移到司法部會否檢控特朗普。

《新聞週刊》（*Newsweek*）尚恩．金（Shaun King）的文章認為，美國現時的司法制度恐怕難以讓特朗普得到應有的懲罰。回顧過往紀錄，他的意見不無道理。國會騷亂案前，特朗普已因「通俄門」被司法部調查。儘管當時司法部特別檢察官穆勒（Robert Mueller）及其調查團隊發現大量證據顯示特朗普有妨礙司法公正之嫌，但當時司法部並無檢控特朗普。這是因為美國司法系統內有一條不成文規定：司法機構不應檢控在職總統。根據司法部法律顧問辦公室（Office of Legal Counsel）於一九七三年發表的備忘錄（OLC Dixon Memo），司法部認為在職總統應免於被檢控以確保行政部門運作暢順。然而，在特朗普卸下總統職位後，司法部亦不見得能追究他的法律責任。

根據美國學界的「批判性種族理論」（Critical Race Theory），美國現有的社會秩序及法律建基於種族主義及「白人至上主義」（White Supremacy）之上，因此美國法律所保護的群體仍然以白人為主。事實上，美國的執法機構一直都因為採用種族歸納（racial profiling）去判斷犯罪嫌疑人身份而飽遭詬病。文章舉例指，在紐約市大麻合法化前，百分之九十五因吸食或管有大麻被捕的人皆為少數族裔，白人疑犯往往能逍遙法外。即使白人疑犯被檢控判刑，他們的刑罰亦遠遠比少數族裔的刑罰輕。美國量刑委員會（United States Sentencing Commission）二〇一七年的報告指出，在犯下同樣罪行的前提下，黑人男性犯人的刑期平均高出白人男性犯人的刑期百分之十九點一；而來自中上階層的白人疑犯更能聘請頂級律師為自己洗脫嫌疑。普通人之間的待遇差別已如此巨大，更何況美國總統？

另一個不可不提的特點就是美國嚴苛的刑罰制度，美國司法機構普遍主張報復式正義（punitive justice），強調「刑罰必須與罪責相稱」，量刑時只考慮犯人所做過的行為而不需論動機。

自一九七五年以來，一股「重刑化」浪潮席捲美國的司法體系，刑事法加入了大量規定刑期（mandatory sentences），法官不會酌情量刑。文章指美國的監獄系統由於缺乏更生服務，不少在囚人士出獄後往往因為未能融入新生活而重新走上犯罪的道路。

美國的在囚人士很多都是少數族裔或經濟拮据、無法聘請律師辯護的低下階層，如此嚴苛的制度只會讓這些群體進一步遭社會邊緣化。反觀白人疑犯，他們很多來自經濟較好的背景並受過良好的教育。他們不但能聘請優秀的律師為自己辯護，亦清楚自己的法律權利，使得司法機構的蒐證工作舉步維艱，令他們往往更容易脱罪。如文章所指，美國歷史上只有一名因犯罪而被捕的總統：尤利西斯．格蘭特總統（Ulysses S. Grant），他因為多次用馬車超速駕駛而被一名叫 William West 的年輕黑人警官逮捕。時值美國重建時期（Reconstruction Era），因為當時黑人的權利得到了極大的提升，黑人警官才敢作出「以下犯上」的行徑。

很遺憾，美國至今並沒有成功改革以「白人至上主義」為主導的司法系統，白人權貴階層面對訴訟仍然優勢佔盡。尼克遜因為福特的特赦而迴避了與水門事件有關的訴訟；列根未因伊朗門事件而被起訴；克林頓夫婦亦未因白水事件被定罪。種種現象都顯示司法制度內有屏障保護白人權貴階層，所以特朗普面對國會騷亂相關指控時有很大機會將能夠逍遙法外。

二〇二二年六月二十七日及三十日《明報》〈三言堂〉

美國中期選舉：拜登的拉票伎倆

美國將於二〇二二年十一月八日舉行中期選舉，是繼二〇二〇年總統大選後的首場重大政治考驗。選舉將會決定美國總統拜登領導的民主黨政府能否延續國會參眾兩院的控制權。中期選舉不但是現任總統首兩年執政表現的期中考試，也被視為二〇二四年總統大選前哨戰，意義重大。

選舉臨近，拜登開始大舉拉票。首先，拜登推出寬免學生貸款的措施，拉攏桑德斯（Bernie Sanders）及沃倫（Elizabeth Warren）等改革派人士（progressives），以團結民主黨。除了拉攏學生票，拜登亦向選民散播訊息，表明政府願意投資在勞動人民身上，而非一味討好有錢人及大企業。學生貸款寬免措施對美國經濟也有裨益。根據美國聯邦儲備局數字，未償還的學生貸款總額高達一萬零七千五百億美元。在計劃下，合資格人士可獲一萬或兩萬美元的寬免；相當於在社會中投入資金，尤其若學生不再債務纏身，可動用資金變多，便可帶動消費從而刺激經濟。

近年，美國個別州份大舉推動大麻合法化，但全國性的改革則未至。拜登在二〇二〇年總統競選期間提出推動大麻議題改革；為兑現承諾，拜登於二〇二二年十月六日發表有關大麻政策改革的聲明（Statement from President Biden on Marijuana Reform），具體措施包括在聯邦層面赦免所有因持有大麻而被定罪的人士、建議各州州長赦免因持有大麻而被定罪的人士及重新檢視大麻在聯邦法律下的毒品分級。各種尋求將大麻合法化的舉措旨在籠絡非白種人及少數族裔——在美國，大麻相關執法工作屢建基於種族的差別對待。

借俄烏戰事轉移視線

第二，拜登借俄烏戰事轉移視線，意圖掩蓋他在外交上的頻頻失利。拜登於二〇二二年七月中旬親自到訪沙特阿拉伯，並與王儲、首相穆罕默德・本・薩勒曼（Mohammed bin Salman）會面。據報，拜登試圖説服穆罕默德不要減產原油，以確保原油價格會進一步下降，藉此籠絡民心。但早前，包括沙特阿拉伯在內的石油輸出國組織與盟友（OPEC+）宣佈將十一月的每天原油產量大幅削減二百萬桶。拜登的外交游説徹底失敗。

為分散選民注意力，拜登借俄烏戰事大造文章，並進一步支持烏克蘭，意圖拖垮俄羅斯。自俄烏戰事爆發以來，白宮已向烏克蘭提供價值共約一百七十五億美元的武器。此外，拜登政府亦加快處理對烏克蘭的私營軍售，大幅縮短有關審批程序，協助軍火商「發戰爭財」，以討好軍事工業複合體（Military-Industrial Complex, MIC）。

連環攻擊特朗普

第三，拜登在演說中屢次攻擊特朗普。二〇二二年八月，聯邦調查局（Federal Bureau of Investigation, FBI）搜查特朗普的海湖莊園，並發現機密文件。雖然拜登否認事前知情，但有評論猜測搜查海湖莊園一舉是拜登的政治計謀。其後，拜登借事件抨擊特朗普「完全不負責任」。有分析指拜登勝出二〇二〇年總統選舉並非因為民主黨有較多支持者，而是因為有更多美國人討厭特朗普。為持續煽動選民對特朗普的憎恨，拜登高調批評特朗普路線，形容特朗普推崇的「讓美國再次偉大」（Make America Great Again）意識形態是「半法西斯主義」（semi-fascism），並把特朗普塑造成國家威脅。對特朗普的仇恨可提振民主黨選民的投票熱情，甚至可令部份反對特朗普極端路線的共和黨支持者倒戈支持民主黨。

大打「中國牌」煽動對華仇恨

第四，拜登利用「打中國牌」拉票。拜登政府貫徹強硬的對華政策，並尋求在選民面前展示出比特朗普更強硬的對華姿態，因此頻頻出招。

中美之間的經濟博弈至今持續四年多。最近，這場經濟戰爭的戰場移師至半導體領域。美國工業和安全局（The Bureau of Industry and Security, BIS）於二〇二二年十月七日推出新一輪針對中國的半導體領域限制措施。其中，以擴大實施「外國直接產品規定」（Foreign Direct Product Rule）的舉措最為矚目。該規定將妨礙任何使用美國技術或美國原材料製造半導體的企業（包括非美國企業）向中國出售有關產品，變相將限制中國獲取半導體。此外，新一輪措施亦旨在窒礙中國自行研發和生產半導體的能力，包括禁止向中國出口美國製造的晶片製造設備。

美國將中國塑造成地緣政治上的頭號敵人，以煽動對華仇恨及採取強硬對華姿態的方式，籠絡民心。為加強對華政策的統籌及執行，拜登政府提出在國務院設立專責部門——「中國組」（China House）。「中國組」的細節仍未有具體定案，據報道初步構思部門將由外交官領導。可是，拜登政府設立「中國組」的計劃遭到共和黨阻撓。有共和黨參議員在外交委員會上公開反對開設「中國組」，並指此舉純粹是「官僚主義下的奪權」（bureaucratic power grab），對維護美國國家安全及遏制中國並無實質作用。

二〇二二年十一月八日的中期選舉，所有眾議院議席及一百個參議院議席中的三十五個將會改選；三十六個州份亦會舉行州長選舉。以往，現任總統所屬黨派幾乎都會在中期選舉中失去部份國會議席，拜登領導的民主黨能否打破這個魔咒？

二〇二二年十月十六日、十九日及二十二日《明報》〈三言堂〉

美國中期選舉的啟示

二〇二二年十一月八日，美國舉行中期選舉，改選了參議院（Senate）一百席中的三十五席、眾議院（House of Representatives）全部四百三十五席及選出了三十六個州份的下任州長。多個議席的競爭均非常激烈；點票工作歷時數日，大多數當選人僅以些微差距勝出。

在香港，選舉由選舉事務處統一負責，但美國沒有負責選舉工作的中央機構，因此點票和公佈選舉結果等選舉必經步驟並非統一進行，很多時甚至會由媒體公佈一些議席的選舉結果。美國亦沒有統一的選舉制度，有些州份採用相對多數票（plurality）模式，也有州份採用排名選擇投票制（ranked choice voting）。

這次喬治亞州的參議院選舉沒有候選人得票過半，因此得票最高的兩人須進入次輪投票。還記得二〇二〇年總統大選，喬治亞州的戰況亦非常激烈。當時，拜登全靠民主黨黨友艾布拉姆斯（Stacey Abrams）的幫助，才成功在該州份以百分之四十九點五的得票率險勝特朗普的百分之四十九點二。

雖然個別議席爭持激烈，但民主黨保住參議院控制權及共和黨奪取眾議院控制權的結果非常明朗。其中，賓夕法尼亞州「由紅變藍」；民主黨在此關鍵戰場的參議院選舉中扭轉局勢。

中期選舉前，大部份傳媒及學者均預料將有一股「紅潮」（Red Wave）席捲美國，皆因美國正面臨前所未有的高通脹，執政的民主黨因遏抑通脹不力而為國民詬病。加上前總統特朗普來勢洶洶，擁有眾多狂熱支持者，令共和黨的整體支持度節節上升。此外，美國政界流傳一個魔咒——以往，現任總統所屬黨派幾乎都會在中期選舉中失去部份國會及州長議席；外界普遍認為拜登領導的民主黨難逃這個魔咒。

然而，出乎意料地，今次中期選舉並沒有出現外界普遍預期的「滿江紅」。

二〇二二年十一月二十七日《明報》〈三言堂〉

掀不起的紅色浪潮

共和黨無法在美國中期選舉掀起一股「紅潮」（Red Wave），尤其是大部份特朗普支持者（Trumpists）皆在選舉中大敗，實在是出乎意料。我認為民主黨成功力挽狂瀾主要基於兩個因素。

第一，二〇二二年六月二十四日，最高法院在〈多布斯訴積遜婦女健康組織案〉（*Dobbs v. Jackson Women's Health Organization*）中，以五比四正式推翻了〈羅訴韋德案〉（*Roe v. Wade*）的判決。美國最高法院有九名大法官，其中六名由共和黨總統任命，即過半數。一般而言，共和黨的大法官人選都屬保守派法官。換句話說，美國最高法院被保守派法官所掌控，在任何與黨性相關的司法糾紛上，共和黨可說是佔了上風。〈羅訴韋德案〉的裁決被推翻，意味着美國憲法不再保障女性的墮胎選擇權，亦會促使個別州份訂立禁止墮胎的法例。推翻〈羅訴韋德案〉觸怒不少女性選民，尤其是千禧一代（Millennials）和Z世代（Generation Z）。基於憤怒與不安，一些中間派、本來投票意欲不高的群體在中期選舉中踴躍投票支持民主黨，藉此表達對共和黨的不滿。

第二，拜登在中期選舉中大打「民主危機牌」（crisis of democracy）。拜登頻頻發表演説指美國民主正面臨前所未有的威脅，把以前總統特朗普為首的共和黨極端派塑造成民主的最大敵人甚至國家威脅。拜登更表示，若以拒絕接受兩年前總統選舉結果作信條的共和黨極端人士在中期選舉中得勢，美國民主將徹底淪陷，以後，選票的意義不復存在，必須及時拯救美國民主云云。

總括而言，民主黨應對是次選舉結果感到滿意，拜登亦成功帶領民主黨打破「執政黨會在中期選舉失去兩院議席」的魔咒。然而，縱使民主黨成功保住參議院控制權，但眾議院控制權被共和黨奪取；國會陷入膠着狀態。拜登餘下的總統任期，將會硬仗連連。

二〇二二年十一月三十日《明報》〈三言堂〉

伊拉克戰爭二十週年

國際上，二〇二三年三月有一個重要紀念日。二十年前的三月二十日，美國攻打伊拉克。當時，時任美國總統喬治·布殊打着自由的旗號，正式展開對伊拉克的侵略行動——「伊拉克自由行動」（Operation Iraqi Freedom）。

美國聲稱伊拉克擁有「大規模殺傷性武器」

當時美國的行為並未獲聯合國安全理事會的認同。但美國以世界警察之姿，大力表示有理由相信伊拉克擁有「大規模殺傷性武器」（weapons of mass destruction），並以此作為開戰理由。在戰事之始，大量報道顯示美國的行動頗為順利，經常出現「美軍長驅直入」、「伊拉克軍隊不堪一擊」等形容。然而，隨着時間推移，伊拉克武裝分子開始反擊，計劃了不少自殺式攻勢，開始讓美軍在內的軍隊陷入苦戰。

還記得時任英國首相貝理雅（Tony Blair）多次表示英國會與美國並肩作戰，但其實在英國國內，國民普遍對英國加入伊拉克戰爭感到不滿，首相貝理雅亦背負不少唾罵。當時，英軍主要於伊拉克的南部城市進行軍事行動，傷亡慘重。

伊拉克戰爭二十週年之際，英國網站 The Conversation 發表文章，指出美國前總統奧巴馬雖於二〇一一年宣佈從伊拉克撤軍，但伊拉克的狀況並未有改善，剩下的只是一個滿目瘡痍的國家。

二萬多名平民身亡

文章續指，有組織發起名為 Iraq Body Count 的項目，旨在向世界呈現伊拉克戰爭中準確的平民傷亡數字。根據報道，Iraq Body Count 的資料來源主要為殯儀館職員、醫護人員及媒體；其中，在傳媒機構中，美聯社、法新社及路透社三家的貢獻最大，反映 Iraq Body Count 發佈的數字應具一定程度準確性及可信性。

文章引述 Iraq Body Count 項目，指戰事頭兩年，即二〇〇三年至二〇〇五年，共有二萬四千八百六十五名平民死亡，當中一半在伊拉克首都巴格達喪生。還記得時任美國總統喬治·布殊於二〇〇三年五月一日宣佈「任務完成」（mission accomplished），Iraq Body

Count得出在上述死亡平民中，約三分之一就是命喪於二〇〇三年五月一日前。報道續指，若進一步分析上述平民的死亡數字，以美國為首的聯軍導致的死亡佔約百分之三十七，其次是刑事暴力（criminal violence），佔約百分之三十六。負傷人數方面，則有四萬二千五百人。

在隨後的二〇〇六年，平民死亡人數達到有紀錄以來的頂峰，有二萬九千零二十七人。再快轉到最近的二〇二二年，即使平民死亡人數是開戰以來的最低，但仍有七百四十人。除了平民，二〇二二年還有五百二十一名伊斯蘭國士兵在伊拉克及美國軍隊的聯合行動中喪生。若連同平民以外的軍人、武裝分子等一併計入，相信傷亡數字會更大。

美國撤軍留下爛攤子

至今仍有傷亡數字的統計，反映伊拉克戰亂並沒隨美國於二〇一一年撤軍而平息。美軍撤離後，剩下的便是一個被戰爭摧殘、民不聊生、窮困潦倒、深陷水深火熱的國家。

值得留意的是，伊拉克戰爭的其中一個結果是伊拉克國會被親伊朗分子控制。此外，還有超過十五萬名前民兵組織「人民動員」（Al-Hashd Al-Shaabi）的成員納入伊拉克軍隊；「人民動員」與伊朗關係密切。然而，伊朗其實是美國的最大敵人之一。美國入侵伊拉克的結果卻是伊拉克被親伊朗分子徹底滲透，極為諷刺。

二〇二三年三月二十七日及三十日《明報》〈三言堂〉

英式民主日落西山

英國國會素來被稱為「議會之母」（Mother of Parliaments），皆因英國以往擁有眾多殖民地，時至今日許多已從英國獨立的前殖民地仍然採用議會制度，例如印度、馬來西亞，所以英國議會制度在世界非常普及。英國議會制度有悠長的歷史，英國最初奉行君主制，但自一六〇三年，詹姆斯一世（King James I）承繼伊利沙伯一世（Queen Elizabeth I）後便開始與議會有矛盾。

首先，因為詹姆斯一世是蘇格蘭人，是蘇格蘭女王瑪麗一世（Mary, Queen of Scots）的兒子，而伊利沙伯一世是著名的「處女女王」，沒有子嗣，只好以表親的兒子承繼王位。而且，詹姆斯一世是天主教徒，但英國國教是「基督新教」（Protestantism），乃至他的兒子查理斯一世（Charles I）因信奉「君權神授」（Divine Right Theory），與議會及教會衝突，終於經過兩次內戰失敗，被判以叛國罪處死。

直至一六八八年，詹姆斯一世的孫兒，即詹姆斯二世（James II）同樣因為教派衝突並與議會交惡，最終在不流血的情況下被英國國會推翻，史稱「光榮革命」（Glorious

Revolution）。英國王位落入詹姆斯二世信奉基督新教的女兒瑪麗二世（Mary II）及其女婿荷蘭王子威廉三世（Prince William III of Orange）的手中。題外話，荷蘭王室的姓氏 Orange 就是荷蘭國家代表顏色「橙色」的歷史由來。

英國首相由間選產生

「光榮革命」奠定了英國國會至尊無上的權力，其信條為「議會至上」（Supremacy of Parliament）。在美國，總統選舉和國會選舉是兩套制度，而英國議會只是實行一套「得票最多當選」的簡單選舉制度（first-past-the-post electoral system），任何黨在議會內擁有絕對多數的議員，該黨即組成下屆政府，該黨黨魁則成為首相。

英國國會權力至尊無上，地區直選採用的選舉制度為「多數制」（plurality），亦即「得票最多當選制」，通常由議會內最大黨派組成下屆政府，其黨魁成為首相，因此英國首相並非由廣大國民選出。英國素來喜歡教訓別人，指控香港沒有普選，但其實英國首相根本不是由直選產生，而是由國會六百五十個議席中最大黨派的數百名議員以內部互選產生，即是間接選舉，所以英國首相何來廣大的民意授權？英國人從來無法直接決定自己國家的領袖。

政治領袖過於年輕歷練不足

我認為戰後最出色的首相毫無疑問是戴卓爾夫人（Margaret Thatcher），但馬卓安（John Major）之後的貝理雅（Tony Blair）當時以四十四歲之齡就任首相，實在相當年輕，其後的卡梅倫（David Cameron）更在四十三歲拜相，反映英國的領導愈來愈年輕，文禮彬（David Miliband）四十二歲就任外交大臣，其弟文立彬（Edward Miliband）亦於四十一歲擔任工黨黨魁兼反對黨領袖，全部都是四十出頭便「上位」，原因為何？

其實英國議會制運行了數百年後，人才的來源愈來愈窄。記得一次《經濟學人》（*The Economist*）舉辦的晚宴期間，有位高層人士告訴我，英國政界年輕領導「上位」有一個千篇一律的套路，不外乎是先去牛津大學修讀「哲學、政治學及經濟學」（Philosophy, Politics and Economics, PPE）或多修讀一個碩士學位，大學期間加入政黨成為青年黨員，如受政黨高層青睞，便會獲政黨安排去一個不難當選的選區競選國會議員，其後籠絡黨魁即能扶搖直上，短時間內就任部長級官員。

若真如此，那些年輕領導的歷練，乃至對社會和經濟的知識自然不足夠，例如文翠珊（Theresa May）的選區梅登黑德（Maidenhead）在二〇一〇年只有七萬二千八百四十四位選民，而她當年僅以一萬六千七百六十九票便勝出選舉，留任議員外更獲委任為內政大臣。相比文翠珊，香港二〇二一年的立法會選舉，香港島西選民三十七萬四千七百九十五人，我獲得六萬五千六百九十四票當選議員；即使是二〇一六年的立法會選舉，與泛民候選人激烈競爭下，我仍獲得六萬零七百六十票勝選。這些英國政客憑甚麼？他們有何資格教訓香港？

二〇二二年七月十八日及二十一日《明報》〈三言堂〉

約翰遜上位路揭示英國選舉制度弊端

於二〇一九年至二〇二二年期間擔任英國首相的約翰遜（Boris Johnson），他的政壇「上位」之路其實揭示了英國議會制度的弊端。

約翰遜生於一九六四年，他在美國出生，來自一個中產家庭，就讀英國名校伊頓公學（Eton College），畢業後入讀牛津大學主修古典學。約翰遜的父親曾在歐盟委員會（European Commission）的布魯塞爾總部工作，所以約翰遜小時候在比利時居住，學會流利法語，大學畢業後擔任《每日電訊報》（*The Daily Telegraph*）駐布魯塞爾記者，以致他熟悉歐盟亦不喜歡歐盟，後來他擔任英國著名雜誌《旁觀者》（*Spectator*）的編輯。

在小選區出選容易勝出

約翰遜於一九九七年開始競選國會議員，首次參選落敗，及後二〇〇一年在英國南部近倫敦的選區 Henley 勝選，獲得二萬零四百六十六票，得票率為百分之四十六點一；二

○○五年同區再次勝選，獲得二萬四千八百九十四票，得票率百分之五十三點五。二○一五年，他到大倫敦（Greater London）新設的選區 Uxbridge and South Ruislip 參選獲勝，獲得二萬二千五百一十一票，得票率為百分之五十點二；二○一七年，他在同區再次勝選，獲得二萬三千七百一十六票，得票率百分之五十點八；二○一九年同區再次勝選，獲得二萬五千三百五十一票，得票率百分之五十二點六。由此可見，英國國會議員勝選一般都是二萬票左右，香港立法會議員在地區直選的得票普遍高於這個數字，若真的論民意授權，香港立法會議員比英國國會議員高。香港的選區特性也比英國複雜，香港人煙稠密，社區問題多，而且多元化，相比英國國會議員，香港議員的工作更加繁重。

約翰遜於二○○八年「轉跑道」參選倫敦市長並勝選，獲得一百一十六萬八千七百三十八票，得票率百分之五十三點二；二○一二年再次勝選，獲得一百零五萬四千八百一十一票，得票率百分之五十一點五。兩次市長勝選得票率只是稍為高於百分之五十，未能代表絕大程度的民意。英國平日那麼推崇選舉，但是市長選舉也不過如此。

靠滑稽形象營造親和力

選舉是多頭競爭，候選人互相攻擊，互潑污水，愈演愈烈，以至近年的選舉不但不能團結社會，甚至每選一次社會便撕裂一次。約翰遜經歷七次選舉，是選舉的能手，他的慣技就是利用其滑稽形象，製造所謂「親和力」。他就任倫敦市長期間出名「動作多多」，二〇一二年倫敦主辦奧運會，他手握兩支國旗從天而降，難度高又惹笑，搶了不少眼球。我認為這類政客根本對於治國沒有原則，也沒有深刻理念。

在老闆背後「插刀」

約翰遜在二〇一六年卸任倫敦市長一職，他非常「識撈」，獲時任首相文翠珊授予「外交大臣」一職，最後約翰遜打倒自己老闆「上位」，二〇一九年七月從國會議員獲得一百六十票，得票率百分之五十一點三，並從保守黨員獲得九萬二千一百五十三票，當選保守黨黨魁，就任英國首相。約翰遜的首相路便反映英國從政者的職業生涯千篇一律，先加入政黨，再從一個小選區當選議員，靠巴結黨魁扶搖直上，若想往上爬，便在自己老闆背後「插刀」。

黨魁選舉衍生政治酬庸

事實上，保守黨黨魁選舉經過兩場辯論後，黨員互相攻擊過度激烈，為免影響黨內團結，第三場電視辯論取消！「一九二二委員會」直接公佈第三至五輪投票結果，辛偉誠（Rishi Sunak）與卓慧思（Liz Truss）兩人由全國保守黨員投票決定勝負。因為要向黨員拉票，黨魁選舉衍生政治酬庸，國會議員拜相後，會開設一些新奇的部長（Secretary）及次官（Minister）職位來酬謝支持者，例如負責脱歐事務的Minister of State for Brexit Opportunities and Government Efficiency、負責向上流動的 Secretary of State for Levelling Up, Housing and Communities，還有負責文化、傳媒及體育的 Secretary of State for Culture, Media and Sport 等等。

由此可見，英國的領袖選舉是政治酬庸多於群眾參與，這個民主制度由一六八八年走到今天，是保持原貌抑或已面目全非？民主成份剩下多少？辛偉誠擁有史丹福大學MBA學位，曾在投資銀行、對沖基金公司擔任要職，相信較能處理英國天文數字的國債及經常賬逆差；但如果希望英國加快衰落，我會支持卓慧思當選。

二〇二二年七月二十四日及二十七日《明報》〈三言堂〉

約翰遜缺乏誠信

約翰遜（Boris Johnson）在二〇一九年當選英國首相，為討好選民，他維持一貫民粹的作風、小丑的形象。滑稽胡鬧固然是外在的形象，但事實證明約翰遜內在皆是對治國欠缺原則，毫無誠信可言。

約翰遜執政兩年便捲入「派對門」（Partygate）醜聞，傳媒廣泛報道，二〇二〇年至二〇二一年新冠疫情期間，英國民眾必須遵守嚴厲的社交距離措施，但英國政府仍多次在首相府「唐寧街十號」及政府辦公室「白廳」（Whitehall）舉辦派對。倫敦警察廳確認，英國政府舉辦的十二次聚會中，約翰遜至少出席了三場，包括在二〇二〇年六月十九日為自己舉辦的生日會，實在是其身不正，知法犯法。

就此，約翰遜遭倫敦警方發出定額罰款通知，成為英國首位因違法而被懲罰的在任首相，他在二〇二二年四月十九日到國會首度就「派對門」事件公開道歉，但仍觸發保守黨在六月六日發起不信任投票。最終，約翰遜獲得二百一十一票支持，一百四十八票反對，以微弱優勢平息了這次黨內逼宮，勉強保住黨魁及首相之位。

此後不足一個月，約翰遜迎來首相生涯的「最後一根稻草」（the last straw that breaks the camel's back）。二〇二二年六月二十九日晚上，保守黨副首席黨鞭平徹（Christopher Pincher）在私人會所喝醉酒並性騷擾兩名男客人。平徹於翌日辭職，當時約翰遜堅稱，他在二月任命平徹為副首席黨鞭時，對其前科毫不知情。不過，BBC News 中文網在七月七日報道，平徹於二〇一九年至二〇二〇年在外交部工作時，約翰遜已獲悉其因「行為不檢」受查，而外交部前副常任秘書長麥克唐納（Simon McDonald）亦於七月五日證實，約翰遜已就調查報告獲得彙報。

約翰遜瞬間改口，承認早已知悉平徹的品行，為自己委任平徹感到「十分後悔」。同日，財相辛偉誠（Rishi Sunak）及衛生大臣賈偉德（Sajid Javid）隨即呈辭，以示對平徹事件不滿。他倆辭職又觸發骨牌效應，截至英國時間二〇二二年七月七日上午，即是平徹事件東窗事發八日後，約翰遜政府已有二十七名官員辭職，其中五名是內閣成員，約翰遜迫於無奈，同意辭任首相。

二〇二二年七月三十日《明報》〈三言堂〉

約翰遜背信棄義

約翰遜（Boris Johnson）擔任英國首相三年，要說比文翠珊（Theresa May）較大的成就，就是令英國成功脱歐。當年文翠珊猶豫不決，舉棋不定，無法與歐盟達成共識，約翰遜則與歐盟達成了《脱歐協議》（Brexit Withdrawal Agreement），最終英國於二〇二〇年一月三十一日正式退出歐盟。脱歐談判最艱難的部份就是處理北愛爾蘭和愛爾蘭的邊境問題。北愛至今屬於英國領土，而愛爾蘭在一九二一年從英國獨立並於一九七三年加入歐盟，以往由於英國是歐盟一部份，北愛與愛爾蘭的貨物往來暢通無阻，不設關檢，但英國脱歐後，北愛同時脱歐，以致北愛與愛爾蘭之間需設口岸檢查貨物，形成「硬邊界」。

英國和歐盟皆同意「硬邊界」不應存在，以免違反一九九八年訂立的《耶穌受難日協議》（Good Friday Agreement）。北愛因天主教與基督新教兩派爭端，在一九六八年至一九九八年間持續發生流血衝突，終於時任首相貝理雅（Tony Blair）與愛爾蘭及北愛在復活節前的四月十日星期五達成和議，共同承認北愛作為英國的一部份，同時與獨立的愛爾蘭有緊密連結，兩地南北之間不設邊界或通關站，貿易和人員自由來往。因此，一旦在兩地之間增設口岸，便會破壞協議。

為維持兩地和諧，約翰遜政府提出《北愛爾蘭議定書》（Northern Ireland Protocol），容許北愛在英國脫歐後繼續遵守歐盟單一市場規則，確保北愛貨品能在愛爾蘭及歐盟地區自由流動，藉此避免出現上述「硬邊界」。而英國不屬歐盟，於是在英國本土與北愛之間的愛爾蘭海設立管制區，由英國運往北愛的貨物，皆要接受海關檢查。《議定書》獲歐盟接納，並成為英國《脫歐協議》的一部份，於二〇二一年一月生效。

誰料，約翰遜出爾反爾。

二〇二二年六月十三日，約翰遜提出法案要求修改《議定書》，建議為英國運往北愛的貨物建立「綠色通道」，毋須海關檢查；至於從英國經北愛進入愛爾蘭等歐盟地區的貨物則要使用「紅色通道」，需接受檢查。法案使《議定書》形同虛設，歐盟更因此在六月啟動多個程序，控告英國政府違反協議。

連國際協議都可以違反，約翰遜政府有何誠信可言？英國還自詡是民主大國，約翰遜指手畫腳批評香港，簡直豈有此理。

二〇二二年八月二日《明報》〈三言堂〉

英國國會醜聞纍纍

約翰遜（Boris Johnson）執政不足一年，便於二〇二〇年捲入「派對門」（Partygate）風波，涉多次違反防疫規定參加派對，而遭倫敦警方發出定額罰款通知，並因此成為英國首位因違法而被罰款的在任首相。上樑不正下樑歪，約翰遜委任的前副黨鞭平徹（Christopher Pincher）於二〇二二年六月二十九日晚上，在私人會所喝醉酒並性騷擾兩名男客人。

七月十日，《星期日南華早報》（*Sunday Morning Post*）刊登題為 PM's Fall Exposes Sleazy Underbelly of Westminster 的文章，指出英國國會的醜聞不止於此，平徹的性行為不端至少是第六宗公開報道的醜聞，更形容約翰遜「在執政三年間頑強地從眾多醜聞和失誤中倖存下來後」，終於垮台。

文章指英國政壇擁有悠久醜聞史，平徹事件正凸顯了這個英國政壇的烏煙瘴氣。二〇二二年四月二十九日，英國國際貿易大臣卓雅敏（Anne-Marie Trevelyan）受訪時表示，所有在議會工作的女性都遭受過不恰當的觸摸或性別歧視的言語。卓雅敏的說法呼應英國《太陽報》（*The Sun*）四月二十七日的報道，指一名保守黨議員曾兩次在下議院議事廳內用手機

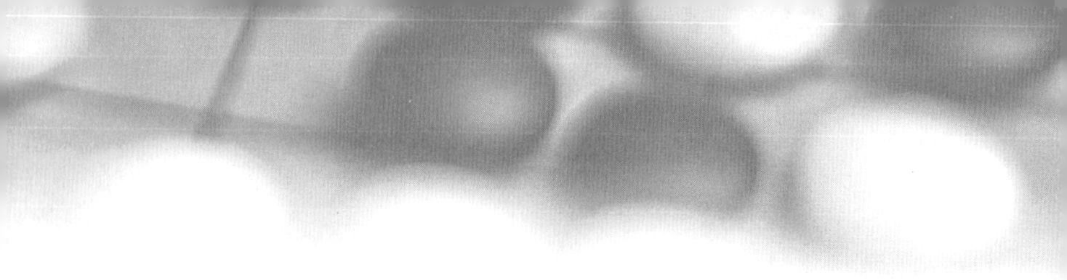

觀看色情片，令目睹此事的女同事大感震驚及冒犯。報道雖未有透露議員的名字，但下議院議員帕里什（Neil Parish）在事件曝光後，向英國國會標準事務專員斯通（Kathryn Stone）自首，他被保守黨暫停職務，並接受英國國會監督機構「獨立投訴及申訴計劃」（Independent Complaints and Grievance Scheme, ICGS）調查。工黨黨魁施紀賢（Keir Starmer）當時更敦促保守黨不要等待調查結果，應該立即採取行動。

ICGS於二〇一八年成立，專責調查及處理英國國會內有關欺凌、騷擾和性行為不端的投訴。文章指ICGS正在對五十六名受到失德指控的保守黨和工黨議員進行相關調查。在英國公開大學任教犯罪學及社會學的朱利奧斯博士（Christina Julios）對英國國會所涉的性騷擾個案作深入研究，並著有*Sexual Harassment in the UK Parliament*一書，她指大量證據顯示國會議員性騷擾問題並非個別事件，簡直罄竹難書——

- 保守黨議員艾哈邁德．汗（Imran Ahmad Khan）被控二〇〇八年性侵一名當時十五歲的男童，他矢口否認並反指對方作偽證，終於在二〇二二年四月被判性侵罪成，判囚十八個月，保守黨開除其黨籍。
- 保守黨議員沃伯頓（David Warburton）於二〇二二年四月因多宗性騷擾指控與吸食

可卡因被停職。

- 保守黨議員埃爾菲克（Charlie Elphicke）於二〇二〇年性侵兩名女性罪成，判囚兩年。
- 保守黨議員格里菲斯（Andrew Griffith）被揭發於二〇一八年向其選區內兩名女子發送超過二千個露骨訊息，格里菲斯隨即引咎辭職；後來在二〇二一年一宗家事法庭的審訊中，法官作出結論指格里菲斯曾多次強姦前妻。

除了性醜聞，保守黨議員彭德森（Owen William Paterson）因財務醜聞，在二〇二一年十一月辭職。國會標準事務專員斯通的報告指出，彭德森為兩家公司擔任「顧問」在國會進行政治游說，以獲取每年十萬英鎊報酬，報告形容事件「令議院名譽掃地」。在野工黨黨魁施紀賢（Sir Keir Rodney Starmer）更呼籲政府調查彭德森有否為生物科技公司 Randox 游說政府，讓其取得新冠病毒檢測合約。

屢次化身正義使者的施紀賢，同樣其身不正，醜聞纏身。二〇二一年四月，施紀賢涉嫌違反當時新冠防疫規定，舉行室內跨家庭聚會，與多名同僚飲啤酒及吃咖喱，施紀賢因此涉嫌瀆職受查。

英國國會醜聞層出不窮，不論是性醜聞、貪污瀆職抑或其他，皆反映政客以特權階級自居的優越感，以致他們無視法紀，亦未能切身體會普通民眾的訴求。首相由執政黨黨魁出任，而黨魁只是由同黨構成的小圈子選出，令國會選舉淪為政治酬庸，支持黨魁者獲授要職，瀆職的黨友獲得包庇。英國政壇禮崩樂壞，積重難返，英國選民只能無奈地在壞與更壞之間選擇。

二〇二二年八月五日及八日《明報》〈三言堂〉

辛偉誠的鷹派外交

上任剛一個月的英國首相辛偉誠（Rishi Sunak）出席倫敦市長的宴會並發表演說。演說內容主要聚焦國際關係及英國的對外政策，是辛偉誠就任首相後首次發表外交政策演說，因此受到廣泛關注。

為選票狂打「中國牌」

辛偉誠形容「中英關係的『黃金時代』已成過去」（golden era is over），又說「中國對英國構成系統性挑戰」（systemic challenge）。相對於以往把中國定性為「頭號威脅」（number one threat），這次辛偉誠用「系統性挑戰」來描述，表面上相對溫和，但其實硬在骨子裏。事實上，英國對華強硬早有前科，前首相約翰遜（Boris Johnson）便將中國定性為「系統性對手」（systemic competitor），接任的卓慧思（Liz Truss）採取更強硬的對華姿態，直指中國是「威脅」（threat），現在辛偉誠指中國為「系統性挑戰」，用字較為審慎，但立場並無改變。

至於他為甚麼要發表鷹派言論，我認為不外乎幾個原因：

第一，出於選舉考量。在保守黨黨魁選舉中，卓慧思一直大打「中國牌」及「烏克蘭牌」，擺出極其強硬的對華姿態。當時作為卓慧思的頭號對手，為了選票，辛偉誠不得不加入這個牌局，把「中國牌」打得更徹底。後來卓慧思落台，辛偉誠接任首相，也就必須貫徹競選承諾。

第二，英國保守黨黨內其實政龐土裂，並分為兩大主要派系——離歐派及仇中派。一方面，為討好離歐派，辛偉誠在演說中表明「絕不會跟隨歐盟法律」（never align with EU law），但會尋求與歐盟建立「互相尊重及成熟的關係」（respectful, mature relationships）。另一方面，為應對黨內的仇中派，辛偉誠必須以強硬的態度申明其對華立場。為應對黨內的反華勢力，辛偉誠除了對華強硬別無他選，他必須表現鷹派，以討好、團結黨內的割據勢力及爭取黨員支持。

被美國牽着鼻子走

第三，英國背後的強大意識形態勢力，還不是來自美國。

二〇二二年三月一日，美國總統拜登發表他任內首份國情咨文（State of the Union Address），指世界正處於「民主與專制的鬥爭中」（in the battle between democracy and autocracy）。因為俄烏戰事，這次發言表面上是針對俄羅斯，但若深層解讀，其實拜登這番話是把民主與專制政權置於對立面，試圖煽動意識形態上的對立。

其後，美國更公開將中國定性為專制政權。五月二十六日，美國國務卿布林肯（Antony John Blinken）闡明美國的對華政策，直指中國是「對國際秩序最嚴峻的長期挑戰」（most serious long-term challenge to the international order）。拜登上任後，一改前總統特朗普聚焦打擊中國經濟及科技實力的方針，改以「民主 vs. 極權」的意識形態對壘抹黑中國。

英國老本所剩無幾

英國顯然被美國的「魔笛」誘導，辛偉誠在其首次外交政策演説的開首，表示「英國是一個會維護核心價值，並會以實際行動而非話語捍衛民主的國家」（a country that stands up for our values, that defends democracy by actions not just words）。演説多次提及公平、自由、法治等民主價值觀，搶佔道德高地，進一步分化民主及專制政權。

英國深知國家正在衰退，經濟一蹶不振、脫歐後前景未明、人口萎縮，除了一丁點剩餘的軍事實力，英國的老本所剩無幾，因此只能抓緊民主、法治等意識形態苟延殘喘，並加入美國發動的意識形態戰，打壓中國。

辛偉誠明顯受到美國影響，雄辯偉論展示強硬的對華姿態。但我認為辛偉誠為人務實，以切實解決國內問題為己任；樂觀而言，辛偉誠帶領的英國與中國徹底勢不俱棲的機會不高。

二〇二二年十二月三日及六日《明報》〈三言堂〉

ChatGPT 震撼世界

要說最近科技界甚至整個世界的熱話，非 ChatGPT 莫屬。ChatGPT 是由 OpenAI 開發的人工智能聊天機械人程式，其技術主要依賴三個元素——數據（data）、計算（computing）及演算法（algorithm），ChatGPT 目前在香港及內地仍未支援使用。有海外友人曾體驗該程式，表示能與 ChatGPT 聊個通宵達旦。友人說 ChatGPT 的談吐模式與人類非常類近，而且學習能力卓越，會順着使用者的喜好加以奉承；不難想像與 ChatGPT 聊天會令人心花怒放。

人工智能是把雙刃劍

不過，即使 ChatGPT 如何震撼世界，人工智能的發展及應用依然面對不少挑戰。若使用不當，人工智能會助長造假及詐騙行為。高教界普遍關注學生會否利用 ChatGPT 撰寫入學申請書或論文，教育界擔心學生濫用人工智能代寫功課，把人工智能的產出當成自己的作品，家長也擔心子女會否因使用人工智能做功課而被老師指為作弊，學生則因為有如此「快靚正」的工具而竊喜。

雖然 ChatGPT 取得空前成功，人工智能聊天機械人其實仍有不少局限，例如 ChatGPT 的訓練資料僅涵蓋至二〇二一年，因此 ChatGPT 無法就二〇二一年後發生的事作準確回應。此外，所有人工智能聊天機械人的回應也有出錯的時候。

人工智能可說是把雙刃劍，一方面可促進創意、提升生產力，協助人類；另一方面，人工智能的廣泛應用會衍生法律及道德問題。未來，且看這把雙刃劍如何改變世界。

OpenAI 改變世界

開發 ChatGPT 的公司是 OpenAI，OpenAI 於二〇一五年年底在美國三藩市創立。以行政總裁柯曼（Samuel Altman）為首，OpenAI 以研發出能造福全人類的通用型人工智能（artificial general intelligence, AGI）為目標。在創立初期，OpenAI 的定位本是非牟利的人工智能研究實驗室，主要進行學術研究和科研工作。OpenAI 的初始資金來自馬斯克（Elon Musk）在內的矽谷重量級投資者；其後到二〇一九年，微軟（Microsoft）向 OpenAI 投資十億美元，為微軟的雲端平台服務 Azure 開發人工智能技術。

根據《財富》雜誌（*Fortune*）報道，ChatGPT屬於「生成式人工智能」（generative AI）。「生成式人工智能」使用大量現有數據作訓練素材，是未來自然語言處理、電腦視覺、元宇宙及語音合成技術的基石。基於其大型語言模型（large language model, LLM）及訓練過程中數據量之龐大，ChatGPT的回應基本上與人類無異。

人工智能聊天機械人大戰正式開打

ChatGPT橫空出世驚艷科技界，同時重創本來在人工智能領域有領先地位的另一矽谷科企谷歌（Google）。為追落後，谷歌隨即宣佈推出自家人工智能聊天機械人Bard。怎料，在谷歌發佈的Bard宣傳片中，Bard在回答一條有關「詹士韋伯太空望遠鏡」（James Webb Space Telescope, JWST）的問題時，提供了錯誤答案；這個錯誤拖累谷歌母企Alphabet的市值急挫一千億美元。那邊廂，百度亦宣佈將研發名為「文心一言」的人工智能聊天機械人，看來人工智能聊天機械人大戰正式開打。

二〇二三年二月十日及十三日《明報》〈三言堂〉

OpenAI 的前世今生

《財富》雜誌（*Fortune*）一篇報道提到，OpenAI 這企業名稱蘊含了企業對透明度的承諾——公開發佈所有研究成果並「開放原碼」（open-source，即公開電腦程式的原始碼〔source code〕）。雖然有指這個方針近期有所變化，但 OpenAI 回應指相較於其他 AI 研究所，OpenAI 公開的研究成果依然較多。

OpenAI 研發的 ChatGPT 驚艷世界，但開發 ChatGPT 的過程可說絕不輕鬆，且需投入龐大資源。報道續指，在推出 ChatGPT 前，OpenAI 首先開發了大型語言模型（large language model, LLM）GPT-3。當時，GPT-3 被稱為世界上最強大的語言模型，擁有一千七百五十億個參數，訓練數據涵蓋整個互聯網的三分之二，當中整個維基百科只佔了訓練數據的百分之零點六。後來，OpenAI 發現 GPT-3 無法百分百回應用戶需求，為優化 GPT-3，OpenAI 正式啟動 ChatGPT 的開發計劃。

ChatGPT 的訓練過程涉及龐大的數據量，運算成本極高，以數千萬美元計。再者，OpenAI 需要聘請優秀的研究團隊進行科研工作。根據稅務紀錄，OpenAI 的俄羅斯籍首席科學家的年薪高達一百九十萬美元。除了研發時期的投入，ChatGPT 面世後的運作成本依然相當昂貴。OpenAI 行政總裁柯曼（Samuel Altman）表示，ChatGPT 每與用家進行一次互動需花費「個位數美分」（single-digit cents）；其後，有評論指準確數字為大約兩美分。隨着 ChatGPT 的使用者數量及互動量上升，ChatGPT 的運作成本的累積速度可想而知。

事實上，OpenAI 在二〇二二年的收入估計接近三千萬美元。在主要支出方面，估計有約四億一千六百萬美元是用於運算及數據上、約八千九百萬美元為人事費及約三千八百萬美元其他營運成本。粗略估計，OpenAI 在二〇二二年的淨虧損達五億四千五百萬美元。

二〇二三年二月十六日《明報》〈三言堂〉

ChatGPT的優勢能持續嗎？

除了爆紅的ChatGPT，OpenAI還有其他人工智能程式產品，例如DALL-E也是人氣高企的程式。DALL-E於二〇二一年一月五日發佈，是一款可通過文字描述生成圖像的人工智能程式。DALL-E的強大之處在於可把看似毫無邏輯的文字表述變成圖像，如「帶翅膀的長頸鹿」、「綠色的長頸鹿」等。

目前，OpenAI開發的所有人工智能程式均為免費，包括ChatGPT和DALL-E，只要註冊賬戶便可使用。OpenAI多年來均錄得虧損，二〇二二年的淨虧損達到五億四千五百萬美元。再者，OpenAI承諾會公開發佈所有研究成果並「開放原始碼」，難免令人憂慮若其他人工智能公司把OpenAI的原始碼加以改良，推出加強版產品，OpenAI的產品競爭力便會驟降。

此外，科技界從來也是「互相仿效」，每逢有顛覆性技術推出，科技公司會爭相跟隨新趨勢，開發同類型產品。事實上，在OpenAI推出ChatGPT後，谷歌和百度也相繼宣佈會推出自家的人工智能聊天機械人。

人工智能聊天機械人大戰正式開打，OpenAI的一枝獨秀能維持多久？說不定，為了使公司持續發展，OpenAI在不久將來將由非牟利研究所演變成與普通公司無異的商業機構，並以賺取利潤為目標。有評論指，相較於初創立時，OpenAI的性質和定位已有所轉變；看來的確是身不由己。

有消息指微軟（Microsoft）會向OpenAI加碼投資一百億美元；此舉有利日後微軟將OpenAI的技術加入微軟旗下產品——微軟亦已宣佈會將ChatGPT聊天機械人技術，整合到微軟的Bing搜尋引擎及Edge瀏覽器內。此舉令搜尋引擎市場長期擁有九成以上市場佔有率的龍頭谷歌產生極大危機感，擔心在與ChatGPT結合後，微軟的Bing將崛起，搶佔市場。

人工智能聊天機械人大戰會如何發展，又會為世界帶來甚麼顛覆性改變，就讓我們拭目以待。

二〇二三年二月十九日《明報》〈三言堂〉

第二章

香港是國家戰略的一部份

回歸二十五載　香港創未來

轉眼間，香港已回歸祖國二十五年，在這四分之一世紀裏，「一國兩制」整體成功落實，香港維持單獨的經濟、金融、稅務、司法等制度，資本主義社會和港人生活方式基本不變。然而，二十五年下來，香港的確累積了一些深層次問題有待破解，包括土地房屋嚴重短缺，房價過高，二十多萬人擠住劏房，還有產業結構過窄，經濟增長放緩，青年人缺乏向上流動的機會等等，這些都是新一屆特區政府需要直面及處理的。縱使如此，我認為在香港回歸二十五週年的這一刻，大家應一起展望香港下一個二十五年，香港的未來將會一片光明。

首先，中央政府為香港制訂《香港國安法》，撥亂反正，保障了社會秩序及公共安全；完善選舉制度保障了政治安全，香港順利舉行了選舉委員會、立法會及行政長官選舉等三場重要選舉，立法會恢復秩序及提高效率，香港得以體現「愛國者治港」，邁向良政善治，讓港人受惠。

在政治安全的基礎上，香港要開創下一個二十五年的光輝未來，特區政府必須具備前瞻性的目光，特別要在經濟發展、創新科技這兩大範疇加倍努力。

必須推進北部都會區發展策略

第二，北部都會區發展策略建構「雙城三圈」的概念，能把握國家「十四五」規劃綱要及粵港澳大灣區發展規劃綱要為香港帶來的機遇，讓香港更好地融入國家發展大局。香港必須好好把握，特區政府必須好好推進。

北部都會區指整個元朗、天水圍、粉嶺／上水，以及古洞北／粉嶺北、洪水橋／廈村、元朗南、新田／落馬洲、文錦渡和新界北新市鎮。當中有些項目已在進行中，例如擴展古洞北新發展區至馬草壟、擴展洪水橋／廈村新發展區至流浮山及尖鼻咀，特區政府正在進行收地等工作；新鐵路項目北環線亦已定了走線。另外就是擴容提升落馬洲河套區港深創新及科技園至佔地一千一百公頃的新田科技城，以和深圳合作發展創科，構建「雙城三圈」中的「深圳灣優質發展圈」和「港深緊密互動圈」，加上發展與沙頭角接軌的「大鵬灣／印洲塘生態康樂旅遊圈」這個第三圈，特區政府必須抓緊進度，提速推進，加快融入大灣區的發展。

推動創新科技

第三，特區政府要加倍重視及推動創新科技的發展，不能再蹉跎下去。正如陳祖恒議員在其《制訂全盤工業藍圖，推動香港工業發展》議案指出的，「特區政府必須抓緊機遇，推動科研及工業技術融合，加快建立人才庫及推動官、產、學、研合作，將科研成果商品化」，進一步優化 Made in Hong Kong（香港製造）至 Made by Hong Kong（香港創造），對此我十分認同。

其實早在回歸前已有不少相關研究及倡議，例如已故香港中文大學校長高錕教授及楊綱凱教授兩位物理學家，早於一九九一年已出版研究著作 *Technology Road Maps for Hong Kong: An In-depth Study of Four Technology Areas*，當時他們已認為香港很有創科條件，建議香港發展資訊科技、生物科技、新材料科技及環保科技，可惜政府一直沒跟進。

一九九五年，我出任工業署署長後，亦委託了麻省理工大學的 Industrial Performance Center，研究香港作為供應鏈樞紐，如何運用創新科技提升製造業，如何利用香港的資本市場促進創新產業的發展，當時的研究領域包括紡織與服裝、電子業、資訊科技及生物科技等等，研究著作 *Made by Hong Kong* 於一九九七年出版，可惜政府仍是沒跟進。

回歸後，時任行政長官曾蔭權於二〇〇七年進行政府改組，把「工商及科技局」改名為「商務及經濟局」，即是把負責經濟發展的決策局去工業化、去科技化，只依賴金融業及旅遊業來支撐經濟發展，直至梁振英出任行政長官才終於在二〇一五年設立「創新及科技局」，可惜為時已晚，香港在創科發展方面已浪費了很多年，遠遠落後於內地城市。

來到今天，香港要吸引全球創科專才、成為創新科技中心，除了投放資源，更要具策略地聚焦發展。我認為應發展適合香港的高端產業、先進的製造業而非傳統製造業。因此，新一屆政府架構改組把「創新及科技局」改為「創新科技及工業局」，是非常與時並進的做法。

青年人將有更好出路

總結而言，我相信香港在國家全力支持下，把握新田科技城項目的機遇，搞好經濟與創科，好好融入大灣區發展，青年人將有更好的出路，一起開創香港的下一個二十五年。

二〇二二年六月七日《文匯報》

國家主席習近平給香港的重要訊息

國家主席習近平不辭勞苦，連續兩天親自來港，出席慶祝香港回歸祖國二十五週年大會暨香港特別行政區第六屆政府就職典禮，並且發表了重要講話，可見他真的十分重視香港。這兩天天公尚算造美，雖然大風，但升旗禮時放晴，有人還說見到彩虹，我認為是很好的兆頭，象徵新一屆特區政府有好的開始。

七月二日，我參加了中聯辦舉辦、駱惠寧主任主持的習近平主席講話精神學習會議，七月三日新民黨亦舉辦了研討會，我分享了我的看法。

首先，今次習主席訪港是全球矚目的，西方傳媒關注他是否來港，關注他的致辭內容。我認為習主席非常關愛香港，帶來了很多正面訊息。

帶出多個正面訊息

首先，他告訴我們，中央政府是長期堅持「一國兩制」的，這是最重要的訊息。其實他在抵港那天（六月三十日）已說了，「『一國兩制』是個好制度，具有強大的生命力，能確保香港長期穩定。」他還引用了《荀子．修身》的「行而不輟，未來可期」，只要我們堅持走下去，一定會有美好的結果。

習主席來港是個好時機，因為「一國兩制」已落實了二十五年，像中央政府時時說的，「一國兩制」是透過實踐、驗證，這制度是證明成功的，亦經過考驗和挑戰，證明是行得通的。正如駱主任所說，習主席給了港人定心丸。

很多人擔心「一國兩制」是否到二〇四七年便完結，習主席的訊息就是要「長期堅持」「一國兩制」，我認為這是第一個好消息。

第二個好消息，是習主席高度肯定香港對國家改革開放的貢獻，以及香港有獨特的優勢。他說「香港在國家改革開放的壯闊洪流中，敢為天下先，敢做弄潮兒，發揮連接祖國內地同世界各地的重要橋樑和窗口作用，為祖國創造經濟長期平穩快速發展的奇蹟作出了不可替代的貢獻」、「香港積極融入國家發展大局、對接國家發展戰略，繼續保持高度自由開放、同國際規則順暢銜接的優勢，在構建我國更大範圍、更寬領域、更深層次對外開放新格局中發揮着重要功能」、「香港同內地交流合作領域全面拓展、機制不斷完善，香港同胞創業建功的舞台愈來愈寬廣」。這是對香港作出了很高很正面的評價，在國家改革開放的進程中，香港有不可替代的貢獻。

保持香港原有法律制度

習主席亦肯定了我們自由開放的經濟，有提及普通法制度，他說「包括普通法在內的原有法律得到保持和發展」，香港的法制當然是普通法，還有憲法、《基本法》、平衡法等等，即是他完全理解香港社會的特色。他說只要我們和國家的發展戰略有更好的對接，即是大灣區的建設做得更好，我們便會有更廣闊的舞台，有更大的發展空間。

有報道說行政長官李家超甫上任便致電廣東省官員，和他們對接。因為香港只是彈丸之地，若要有更大的發展，一定要和內地合作，並且要成為國家戰略的一部份，即是英文的 we need to be a part of a bigger whole，我們是在一個大格局裏的一部份，要把握機遇，發展會更理想。

習主席非常了解香港的情況，他對特區政府有很大期望，提出了「四個必須」和「四個希望」。他自己亦強調，其實有些話他五年前已說過，「一國兩制」要落實成功，是有先決條件的，即是他五年前所說的，「一國」是根，「兩制」是樹葉，我們要在很好的土壤上發展，才會成功，所以他提出了「四個必須」。

「四個必須」

「第一，必須全面準確貫徹『一國兩制』方針。『一國兩制』方針是一個完整的體系。維護國家主權、安全、發展利益是『一國兩制』方針的最高原則，在這個前提下，香港、澳門保持原有的資本主義制度長期不變，享有高度自治權。」習主席提醒我們，社會主義制度是國家的根本制度，我們是要尊重及維護的。

「第二，必須堅持中央全面管治權和保障特別行政區高度自治權相統一。」即是英文的 two sides of the same coin，一幣兩面，要兩者都做到，我們要維護中央的全面管治權，才可實現高度自治。有資深傳媒人分析，今次習主席在講話中提及「高度自治」的次數比過去幾位國家領導人提及的次數更多，反映他的重視程度。

第三，習主席指出「必須落實『愛國者治港』」，而這個成為了《金融時報》（*Financial Times*）報道香港回歸二十五年的標題。換句話說，雖然外國勢力不認同「愛國者治港」，因為「愛國者治港」排除了他們的代理人，但是他們也要接受，習主席這個訊息是非常明確的。

「第四，必須保持香港的獨特地位和優勢。中央處理香港事務，從來都從戰略和全局高度加以考量，從來都以國家和香港的根本利益、長遠利益為出發點和落腳點。香港的根本利益同國家的根本利益是一致的。」這是當然的，若國家發展得好，香港自然好；若國家受到衝擊，我們也不會好。香港得天獨厚的優勢就是「背靠祖國、聯通世界」，「中央政府完全支持香港長期保持獨特地位和優勢，鞏固國際金融、航運、貿易中心地位，維護自由開放規範的營商環境，保持普通法制度，拓展暢通便捷的國際聯繫。」可見中央政府對香港十分重視，提供了十分可靠確實的保證。

「四個希望」

習主席對特區政府當然有期望，因此提出了「四個希望」。

「第一，着力提高治理水平。完善治理體系、提高治理能力、增強治理效能，是把香港特別行政區建設好、發展好的迫切需要。」研討會後，有記者問我，習主席是否在批評特區政府？我的回應是，特區政府素來都是小政府格局，承接了以前英國人的管理模式，很多事情也不想介入，不想理會，能外判出去便外判出去，有些權力還下放了給非政府機構。這個小政府格局，現在要應付世界百年未見的大變局，國家的崛起涉及全球利益，特區政府會應付得辛苦，所以，新一屆政府在很多方面都要調整，新班子人人都要有所作為。

「第二，不斷增強發展動能。」的確，香港過往發展不足，香港的好處是地位特殊，條件優良，但是過往因為小政府不干預，鮮有推動經濟轉型。香港不同內地，內地任何省市都有長遠規劃，按照「十三五」、「十四五」規劃去做，決定了便落力去做。但是香港不同，香港由市場推動，工業北移後，香港沒有推動經濟轉型，損失了很多機遇和職位，青年人出路窄。我認識在中大讀物理的同學，畢業後做了記者，或者讀電腦科技的去賣電腦，因為香港沒有甚麼科技為本的產業，他們沒甚麼出路。

現在「十四五」規劃、粵港澳大灣區建設，特別是新田科技城，將會是香港未來發展創科的好機遇，所以我們要「主動對接『十四五』規劃、粵港澳大灣區建設和『一帶一路』高質量發展等國家戰略。」

「第三，切實排解民生憂難。」我們讀這段便知道習主席真的很了解香港。他說「當前，香港最大的民心，就是盼望生活變得更好，盼望房子住得更寬敞一些、創業的機會更多一些、孩子的教育更好一些、年紀大了得到的照顧更好一些。」廣大香港市民的希冀他都包括了。

民生的確很重要，我們立法會的同事麥美娟議員出任民政及青年事務局局長，我認為十分適合，因為她長期在地區打拼，非常了解市民需要甚麼，亦可敦促公務員做事不要那麼「離地」。

「第四，共同維護和諧穩定。」這一點我覺得非常重要，這是習主席對我們社會的期望。他說「香港是全體居民的共同家園，家和萬事興。經歷了風風雨雨，大家痛感香港不能亂也亂不起」，這點很重要，特別是回應了外國勢力罵我們「愛國者治港」排除了意見不同的人士。

在這段習主席用了「香港居民」而不是「香港同胞」，那是甚麼意思？即是包括了非華裔人士，只要你是在香港居住的，「不管從事甚麼職業、信奉甚麼理念，只要真心擁護『一國兩制』方針，只要熱愛香港這個家園，只要遵守《基本法》和特別行政區法律，都是建設香港的積極力量，都可以出一分力、作一分貢獻」、「希望全體香港同胞大力弘揚以愛國愛港為核心、同『一國兩制』方針相適應的主流價值觀，繼續發揚包容共濟、求同存異、自強不息、善拼敢贏的優良傳統，共同創造更加美好的生活」。

西方傳媒時常指「愛國者治港」排除了民主派、社會沒有多元聲音云云，這是錯的，現在習主席明確指出，愛國者是管治核心，立法會議員和官員等等，當然一定要愛國，其他人只要熱愛香港，遵守《基本法》和特別行政區法律，便都是建設香港的積極力量。這個訊息就是，我們有主流價值觀，即是擁護中央，維護國家安全、主權和發展利益，是在這個主流價值觀以外，我們繼續包容共濟、求同存異。換句話說，我們完全符合西方所說的 inclusive society。

青年興　則香港興

最後，習主席提及青年人，其實他五年前已有說過，「青年興，則香港興；青年發展，則香港發展；青年有未來，則香港有未來。」我們要「引領青少年深刻認識國家和世界發展大勢，增強民族自豪感和主人翁意識。要幫助廣大青年解決學業、就業、創業、置業面臨的實際困難，為他們成長成才創造更多機會」。

我在研討會也有說，我這一代屬戰後的嬰兒潮，受惠於國家的改革開放，享受了幾十年的繁榮，我們是有責任把「一國兩制」的實踐經驗傳揚下去，並且引領青年人有正向價值觀，讓他們明白，我們不能只堅持自己的個人權益，亦需要維護國家的根本利益，更應對自己民族的成就感到自豪。

我認為還有一點相當重要，就是我們的教育、課程結構也應改革，讓下一代從小學習、了解國家的歷史、文化傳統，知道國家經歷過甚麼挑戰、受過甚麼苦難、怎樣克服困難才有今日的成就，做到這些，「一國兩制」當能準確實踐，行穩致遠。

二〇二二年七月三日 面書

「復和」不是口號

第六屆行政長官經已選出，當選人李家超在政綱提出了四大施政方向，在提升施政效能方面，提出了「我和我們」的團隊精神，也在土地房屋供應方面明確提出要「提速提效提量」，可是在修補社會撕裂、保障人權自由、教育等等其他範疇，則未有詳細論述。

香港近年在危機邊緣走過幾回，二〇一四年的違法佔中、二〇一六年初的旺角暴亂、二〇一九年由反對修訂《逃犯條例》演變的黑暴等等，市民以政治顏色分群，黃藍誓不兩立，青年人仇恨警察，社會撕裂。雖然後來中央政府以《香港國安法》、完善選舉制度、資格審查委員會、「愛國者治港」等等大招，把港獨、反對派的勢力壓了下去，涉嫌犯法的人士陸續被捕被控受審，社會表面上回復秩序和平靜，但法律處理了違法行為，我們仍需法律以外的手段處理其他問題。

有立法會議員建議設立「復和專員」，以修補社會撕裂，立法會未有詳細討論。我認為值得探討，不過復和不是口號，要整個社會花很長時間和誠意，才有機會達成。

愈是民主撕裂愈嚴重

環顧世界，社會撕裂並非香港獨有，愈是民主自由的地方，撕裂便愈嚴重。例如二〇一六年的英國脫歐公投便把英國撕裂成留歐派和脫歐派，兩派勢均力敵，困擾英國政局，擾攘至二〇二〇年才正式脫歐。

兩黨輪替的美國更甚，共和黨與民主黨的紅藍之爭長年不息，二〇二一年總統選舉及國會山莊暴亂把撕裂推上高峰。二〇二二年五月二日，美國最高法院大法官阿利托（Samuel Alito）草擬的意見草案遭洩露，顯示法院有意推翻一九七三年保障女性墮胎權的標誌性案例〈羅訴韋德案〉（*Roe v. Wade*），使美國再次陷入紛爭，支持及反對墮胎權的人民示威抗議，不同州份亦持不同立場。

美國的種族歧視問題亦十分嚴重，黑人維權運動（Black Lives Matter, BLM）持續。執筆時，新聞正報道有「白人至上主義者」（White Supremacy）闖入水牛城一間超級市場向黑人連環開槍掃射，至少十人死亡，而行兇者只有十八歲。

此外，有很多國家地區因為種族、宗教教派仇恨而長期對峙、內亂，武裝衝突、流血事件無日無之，人民長年累月活在戰火之中；相比這些極端情況，香港已屬萬幸。

愛爾蘭在歷史上長期受到英格蘭侵略，宗教方面，天主教與新教水火不容，戰爭多年，最終北愛爾蘭六郡併入英國，一九四九年南愛爾蘭獨立為愛爾蘭共和國（Republic of Ireland），退出英聯邦。北愛爾蘭則持續有暴力衝突。這些年來，當地教會等組織一直有推動復和工作，但是要完全消除對立，殊不容易。

南非以「真相與和解委員會」達成復和

提到復和，一定會提到南非。一九九五年，曼德拉總統簽署《促進民族團結與和解法》，成立「真相與和解委員會」（Truth and Reconciliation Commission, TRC），由諾貝爾和平獎得主南非聖公會大主教德斯蒙德·圖圖（Desmond Mpilo Tutu）擔任主席。委員會向司法部負責，了解過往長期在種族隔離政策下各種嚴重侵犯人權的事件，做法包括邀請曾遭受非人道對待的人士講述經歷，加害者則提交證詞，企圖還原歷史真相，藉以撫平黑人與白人之間的仇恨，促進民族和解。

二〇一九年黑暴發生後，有外國領事提出用南非模式助香港復和，包括安排特赦，當時我已向他們表示特赦不可行。因為這樣刑事法律會失效，亦會誤導青年人以為犯法不用負責，對社會的負面影響更大。

「止暴制亂」、分享權力、民間融和

我強調復和不是口號，無法一蹴而就，更非一位「復和專員」可以成事。通常復和行動希望做到「止暴制亂」、分享權力、民間融和這三大方面，但是現實上非常困難。

回說香港，二〇一四年違法佔中及二〇一九年黑暴經已過去，《香港國安法》做到「止暴制亂」，社會回復公安秩序。我認為復和第一步是法庭要作出公平的裁決，不論黑衣人白衣人，違法的就要受法律制裁，法庭要依法作出公正判決，近期已陸續有相關案件出了裁決及判詞，這是好的開始。

不過，香港做不到分享權力，國家憲法及《基本法》均不容許。在完善選舉制度及「愛國者治港」等框架下，反中亂港、不接受國家主權、不誠心擁護《基本法》、危害國家安全的非愛國者，不會通過資格審查委員會的審查，不能進入建制及管治系統。反對國家憲制體系，甚至企圖推翻「一國兩制」，尊重國家主權，才有機會重新返回議會平台，共同努力推動復和。

至於第三點也是最深層次的民間融和，讓不同政見者（特別是青年人）放下歧見甚至仇恨，敞開心扉互相接受，和平共處，是長時期的工作，需要非常長的時間。有議員建議設立「復和專員」，我則認為「復和專員」的人數（可以是群體而非單獨一人）、性質（是官職抑或義務？）、工作內容（展開對話抑或舉辦活動？）等等都需要深入討論。

新一屆政府上場是推動復和的適當時機

香港已選出新一任行政長官，新一屆政府上場，是新的開始，可能是推動復和的適當時機，特區政府需從多方面了解與青年人的代溝是甚麼因素造成，是意識形態、經濟文化分歧，抑或有產與無產之間的矛盾？要找出成因，對症下藥，解決到青年人最迫切面對的問題，讓他們感受關愛和信任。李家超能否抓緊機會，讓香港復和？

二〇二二年五月十七日《經濟通》〈葉劉的地球儀〉

認清形勢　推動香港向前走

今年是香港回歸二十五年，別具意義。在這重要的歷史時刻，香港更要認清自身及國際形勢，以應對世界百年未有的大變局，讓香港有更美好的前景，讓「一國兩制」行穩致遠。

過去四分之一世紀，「一國兩制」大致成功落實，但是近年的確經歷了一些衝擊，例如二〇一四年的違法佔中、二〇一九年的黑暴、立法會變得愈來愈民粹暴力等等，猶幸中央政府堅定不移地維護「一國兩制」，接連為香港立下《香港國安法》及完善選舉制度，首先保障了公安秩序及政治安全。

三場重要選舉　體現「愛國者治港」

在完善選舉制度下，香港順利舉行了三場重要選舉，分別是選舉委員會選舉、立法會換屆選舉及行政長官選舉。這三場選舉的最大意義，在於體現「愛國者治港」，即要真誠擁護《基本法》及效忠香港特別行政區的人士，才可加入管治班子，反中亂港者不會有機會，這對香港的長遠穩定而言，是非常重要的。

此外，第七屆立法會自二〇二二年一月開始運作，至今已半年，過往充斥拉布、肢體衝擊、不停流會、一片混亂的立法會已不復見，新上任的九十位立法會議員來自不同專業及界別，大大提高了立法會的專業及議政水平，他們認真審議法案及特區政府財政開支，讓立法會回到理性有效率的軌道上。

截至二〇二二年六月八日，特區政府已向立法會提交了十三個法案，其中四個法案獲得通過，包括《二〇二二年撥款條例草案》、《二〇二二年收入（稅務寬免）條例草案》、《商業租戶短期保護措施（二〇一九冠狀病毒病疫情）條例草案》，以及《二〇二二年僱傭及退休計劃法例（抵銷安排）（修訂）條例草案》，效率比以往反對派瘋狂拉布的時代快得多。

在這基礎上，行政主導得以彰顯，特區政府才有空間及能力處理一些長年累積的老大難問題，例如增加土地房屋供應、放寬海外醫生註冊、強積金對沖等等。

彰顯行政主導　處理長年問題

我擔任主席的「研究政府架構重組方案及相關事宜小組委員會」分別在二〇二二年五月

二十日及二十三日召開了兩次會議，完成相關建議及法律文書的審議工作。

隨後，我主持五月二十七日人事編制小組委員會，即日完成審議「第六屆特區政府的政府架構重組建議」，涉及開設三個非公務員副司長職位、兩個非公務員局長職位、兩個非公務員副局長職位、二十七個公務員首長級常額職位、四個公務員首長級編外職位，以及修訂並重新分配受架構重組安排影響的各局編制內部份首長級職位的某些職務和職責。

這些工作都為新一屆特區政府打好了根基，是香港邁向良政善治，能全力發展經濟、改善民生的契機。

國際形勢方面，我們的確是要面對百年未見的大變局。中國已經晉身全球第二大經濟體，亦是全球最大的貿易體。因為新冠肺炎疫情及俄烏戰事引起的全球供應鏈危機，中國作為世界工廠所生產的產品及物資供應便更加重要。

與此同時，中國急速崛起惹來以美國為首的西方國家的忌憚，他們不單要圍堵中國，有些政客更妄想要與中國經濟脱鈎。雖然很多經濟學家表示這樣對全球發展有害無益，但是很明顯，以美國為首的西方國家正在推動逆全球化（De-globalization），這趨勢對中國內地及香港的發展都會有深遠的影響。

逆全球化　認清「一國兩制」優勢

在這關鍵時刻，香港更要認清自身在「一國兩制」下有何優勢，得以推動香港繼續向前走。我認為香港作為全中國最開放最國際化的城市，有非常良好的法治基礎及牢固的普通法根基，是讓「一國兩制」走下去的最大優勢。而隨着特區政府推進西九文化區、啟德體育園及北部都會區發展策略等發展項目，香港的未來是充滿活力的。

正如時任國務院總理李克強在二〇二二年五月三十日於北京中南海接見候任行政長官李家超時所說，香港要「充份發揮傳統優勢，提高綜合競爭力，鞏固提升國際金融、航運、貿易三大中心地位，加快打造國際創新科技中心」，「結合國家所需，發揮香港所長，全力推動香港更好融合國家發展大局，保持香港長期繁榮穩定」，便能「讓香港市民過上更加幸福美好的生活」。

二〇二三年六月十日《香港經濟日報》〈評論〉

行政會議解惑

新一屆行政會議成員名單於二〇二二年六月二十二日公佈後，我收到很多朋友及市民的訊息，也接受了不少傳媒訪問，發現社會大眾對行政會議的角色及功能不完全了解，我作為新一屆行政會議召集人，就在這裏跟大家解釋一二。

首先，《基本法》對行政會議的性質及工作有明確界定。《基本法》第五十四條列明「香港特別行政區行政會議是協助行政長官決策的機構」，而第五十六條亦說明「行政長官在作出重要決策、向立法會提交法案、制訂附屬法規和解散立法會前，須徵詢行政會議的意見，但人事任免、紀律制裁和緊急情況下採取的措施除外。行政長官如不採納行政會議多數成員的意見，應將具體理由記錄在案」。

行政會議制度沿用百多年

行政會議的前身是行政局，這制度已沿用百多年，一直行之有效，《基本法》保留了這個制度，由九七前的「總督會同行政局」（Governor-in-Council）演變成九七後的「行政長官會同行政會議」（Chief Executive-in-Council）。九七前，行政局的會議文件會用紅筆寫着「the Council advised and the Governor ordered」，九七後則改為「the Council advised and the CE ordered」。「行政長官會同行政會議」要就很多政策作審批及決定，例如兩電的利潤管制協議，這是行政主導的由來。

要留意的是，行政會議是行政長官的顧問團，我們向行政長官提供意見，但是沒有立法權也沒有執行的權力，有聲音建議加強行政會議的實權，我認為行不通亦不需要，否則行政會議變成六司十五局之外的三不像部門，既架床疊屋，更會導致彼此權責不清，擾亂行政長官施政。

集體負責制與集體保密制

由九七前傳承下來的優良傳統是集體負責制。事實上，行政會議容許成員在會議內自由表達不同意見，甚至會有激辯，但是當「行政長官會同行政會議」就某政策拍板通過作了決定後，我們便需集體負責，支持特區政府施政。

集體保密制是另一項十分重要的原則，行會成員可以在會議內表達不同意見，但是不能在會議外披露會議內的討論內容，更不能披露行會文件。集體保密制與集體負責制相輔相成，是行政會議暢順運作的關鍵。新一屆行會成員都是經驗豐富、身經百戰的前局長、公職王，深諳這些規矩，維持集體保密及集體負責，並無問題。

此外，新一屆行會成員有不同政黨的領袖暨立法會議員，也有無黨派的資深立法會議員，這個構成有助政黨及議員把市民的聲音帶入行會，有助行政長官掌握民意，對於改善行政立法關係、加強合作、加快推動政策十分有利。

行會召集人應與行政長官緊密合作

至於大家很關注的行政會議召集人，首先我十分感謝候任行政長官李家超對我的信任，委任我為新一屆的行會召集人。我認為召集人十分重要，應與行政長官有十分緊密的合作，包括商討行會會議的議程安排、加強對外解釋政策等等。

不過，即使我是召集人，一個人的能力始終有限，唱獨腳戲是沒用的。正如候任行政長官李家超提出的「我和我們」，行會成員都是不同範疇的專家，屆時大可分工合作，不同界別的專家向公眾解釋不同的政策，那就事半功倍。

其實本屆的行會已有設立不同範疇的政策小組（policy group），原意是讓成員提出議題，大家一起討論、研究，不過二〇一九年後特區政府有大量緊急事情要處理，政策小組便鮮有着落。新一屆行會大可延續這些政策小組，加強交流。

青年人應先累積經驗

最後，有意見認為行政會議缺乏年輕成員，我認為無可厚非。畢竟行會是特區政府的高層次諮詢組織，討論的是影響全香港的政策，成員需要有豐富的知識、經驗及閱歷，未必是青年人能輕易駕馭。若青年人有志從政、貢獻香港，大可以加入政黨政團，從事地區服務，投身選舉，或者加入諮詢組織，甚至投考政務官、投身政治助理等等，累積經驗，假以時日，必有所成。

二〇二二年六月二十七日《經濟通》〈葉劉的地球儀〉

找出優勢為港定位　講好香港故事

行政長官李家超多次在公開場合強調，我們要向世界講好香港故事，令港人有身份認同感及國際認同感。我自然十分同意，我認為「香港故事」要從歷史開始，正如國家主席習近平在「七一」的「香港回歸祖國二十五週年大會暨香港特別行政區第六屆政府就職典禮」發表的重要講話中，開宗明義讚揚香港在「中華民族五千多年的文明史」中作出的貢獻。

習近平說：「有史以來，香港同胞始終同祖國風雨同舟、血脈相連」，「回歸祖國後，香港在國家改革開放的壯闊洪流中，敢為天下先，敢做弄潮兒，發揮連接祖國內地同世界各地的重要橋樑和窗口作用，為祖國創造經濟長期平穩快速發展的奇蹟作出了不可替代的貢獻。」這是對香港作出了很高的評價，肯定了香港的歷史地位。

而對於目前及未來的香港，習主席固然強調了「一國兩制」是「前無古人的偉大創舉」，「這樣的好制度，沒有任何理由改變，必須長期堅持」；此外，他要求香港「積極融入國家發展大局、對接國家發展戰略，繼續保持高度自由開放、同國際規則順暢銜接的優勢」，以能「在更深層次對外開放新格局中發揮重要功能」，這是對香港有很高的期望，也是很高的要求。

中國崛起　讓世界邁向多極

所謂的新格局，是指世界百年未有的大變局，而這個大變局的緣起，其實就是中國的崛起。中國崛起讓世界從單極（Unipolar World）邁向多極（Multipolar World），再不是美國一個超級大國說了算。回顧這個國際新秩序的演化過程，英退美進，香港的角色轉變，後來演變至置身中美夾縫。

舉例說，中國是在二〇〇一年才加入世界貿易組織（World Trade Organization, WTO）的，在那之前，美國根據The Jackson-Vanik Amendment to the Trade Act of 1974針對非市場經濟體（Non-Market Economies），每年複檢中國的人權情況，決定是否保留中國的最惠國待遇（Most-Favored-Nation, MFN Treatment）。

當時的港英政府明白，若中國的最惠國待遇不獲延續而影響出口，香港的轉口貿易也會受影響，所以港英政府主動派高官前往美國華盛頓進行游說，反映當時香港具備獨特優勢，也有向外講好香港故事的能力。當時我是副工商司，負責支援高官的游說工作，不過我記得末代港督彭定康（Chris Patten）不斷提醒我們「不要為中國講說話」（don't be apologists for China），只推銷香港便可以，英方心態可見一斑。

保持清醒　防美「打香港牌」遏華

後來，英國自知國力日衰，愈來愈依賴美國作為戰略同盟，以美國為首的西方陣營為了遏制中國，不斷利用香港作為打擊中國的前沿陣地。美國先後通過《美國—香港政策法》（United States-Hong Kong Policy Act of 1992）、《香港人權與民主法》（Hong Kong Human Rights and Democracy Act of 2019）以及《香港自治法》（Hong Kong Autonomy Act of 2020）來「監察」香港，高舉香港打壓人權、民主、自由的旗幟，不斷打「香港牌」，企圖打擊中國。

換句話說，在如此複雜的國際局勢下，香港一方面要時刻保持清醒，避免落入西方陣營的圈套，變成危害國家安全的戰略基地；另一方面亦要主動把握「背靠祖國、聯通世界」這得天獨厚的顯著優勢，繼續保持「高度自由開放、同國際規則順暢銜接」，繼續發揮「連接祖國內地同世界各地的重要橋樑和窗口作用」，因此更要積極地面向世界，講好香港故事，這是香港必須承擔的使命。

重新定位　準確展示香港現況

香港和國家的利益是一致的，香港好則國家好，因此怎樣講好香港故事非常重要。

首先，「講好香港故事」不等於「只講好的香港故事」，我們要誠實地、真誠地、準確地、全面地向世界展示香港的整體現況，包括卓越成就，也包括如何克服困難挑戰，如此才能讓香港故事更立體、更具說服力。

第二，要根據香港現況重新定位，釐定香港在國家裏扮演的角色、在國際上佔據甚麼位置，定出訊息，精準出擊。

尋找軟硬實力　重塑形象

第三，我們要找出香港的硬實力和軟實力，重塑香港的形象。

這裏讓我想起，其實香港有很長的海外宣傳歷史，回歸前的港英政府也經常向外推銷香港，例如九十年代香港影視圈的黃金時期，我便曾跟隨政府代表團，聯同天王巨星張國榮及港姐楊婉儀，到日本推廣香港，包括香港的電影成就。我還記得駐東京經貿辦事處有位日本女職員是張國榮影迷，當天她在辦事處等了老半天，就是為了見偶像一面呢！巨星、港姐、電影，這些都是香港當時的軟實力。

來到今天，香港已回歸祖國二十五年，挺過黑暴、捱過疫情，新一屆政府要在開局之初把握時機，找出香港的優勢所在，為香港定位，重塑形象，精準出擊，這樣才能講好香港故事，讓香港繼續在國際間發光發亮。

二〇二二年八月十一日《香港經濟日報》〈評論〉

「二十大」報告具開創性及延續性

二〇二二年十一月十七日，我參加了由行政長官李家超主持的「中國共產黨第二十次全國代表大會（二十大）精神分享會」。是次分享會誠邀中聯辦主任駱惠寧作權威性分享，接着由律政司司長林定國、內地及政制事務局局長曾國衞、我及民建聯主席李慧琼議員逐一分享。

駱主任指出，「一國兩制」論述於歷次黨代表大會報告中份量最重，充份體現「一國兩制」於國家有着重要地位，是推動香港由治及興新征程的行動指南。面對國家新征程與香港新階段相交匯的時代背景，香港應增強歷史主動，奮進國家新征程，搶抓香港新機遇，不斷書寫自身發展和貢獻國家的新篇章。

此外，駱主任提醒我們要精讀原文，用心研究「二十大」導讀。除了報告全文外，「二十大」也有許多有趣的導讀材料，例如檔案夾內的「通識卡」，以簡單標題概括內文精要，例如「四個全面」、「五位一體」、「兩大奇蹟」等等，這些資訊對於向外解說非常有幫助，讓廣大市民更容易明白「二十大」報告的精髓。

至於我的演辭內容全文如下，在此與大家分享：

感謝行政長官，也感謝駱惠寧主任權威性的分享及對香港的鼓勵。習近平總書記的「二十大」報告具有很強的開創性，又有延續性，我認為是一份具有歷史高度的劃時代報告。「二十大」報告含蘊豐富，我在這裏略談幾個重點。

第一，報告奠定習近平新時代中國特色社會主義的歷史地位。

習總書記在報告開首，開宗明義，回顧中國共產黨過去五年的工作以及新時代十年的偉大變革。中華民族在總書記的領導下，迎來了中國共產黨成立一百週年，中國特色社會主義進入新時代，成功攻堅脱貧，全面建成小康社會，實現第一個百年奮鬥目標，這是驕人的成就。

來到「二十大」，習總書記在過去領導人提出的「三個代表」、「科學發展觀」等理論基礎上，再深刻推進，奠定了「習近平新時代中國特色社會主義思想」的歷史地位，對國家及香港特別行政區的長遠發展都有深遠影響。

第二，報告強調馬克思主義中國化的重要性。

我認為新時代中國特色社會主義在總書記領導下，有兩大特色：

一、正如總書記說，「必須同中國具體實際相結合」，即是要從社會的實際情況出發，運用馬克思主義理論來解讀、思考、研判、解決國家面對的問題。

二、「必須同中華優秀傳統文化相結合」。這點非常重要，因為中華文化五千年，本來就源遠流長、博大精深，例如「天下為公、民為邦本」、「任人唯才」、「親仁善鄰」等等中華價值觀，與馬克思主義融合後，便成為十四億人民，當然包括香港人，行事為人的最高標準。

這個制度上的成就我覺得非常重要，因為回顧國家的近代歷史，自晚清以來，我國受列強侵略，喪權辱國，過去很多思想家也在尋找新的制度、新的方向。在中國共產黨的百年奮鬥下，終於為未來發展，找到一套有中國特色的馬克思社會主義制度，結合了中國社會實際情況和文化傳統，扎根中國超過七十年，開闢國家富強繁榮的康莊大道，是非常輝煌的成就。

此時此刻提出馬克思主義中國化新時代新境界，是有特別意義的。因為有西方國家利用意識形態來分裂世界，把西方民主制度與其他的制度對立，這是不科學的，也不符合西方標榜的多元共融的價值。美國有美式民主，中國有中國特色的民主，都符合各自的國情。總書記提出的全過程人民民主，是建基於我國的國情及歷史文化，能為人民謀幸福，讓我們感到自豪。

這個制度革新，提高制度自信及文化自信，對於全國，以至香港未來政制的發展，有重大的啟示作用。

未來國家以及香港的發展將往哪個方向走？總書記為我們點出了明路，就是「科教興國」。

經濟方面，要尋求高質量發展，而非純粹高速度的發展，即是要利用科技及創新推動高檔次的發展。在教育方面，總書記提醒我們，教育在於立德。他指出，「育人的根本在於立德」，在於「培養德智體美勞全面發展」；我們也應該走這條路。香港教育制度過往長期忽略「立德樹人」的概念，因此總書記的報告內容對於香港的教育發展有重要指導作用。

最後，感謝總書記高度肯定「一國兩制」的優點及獨特的功能，特別是在中央為香港撥亂反正，落實全面管治權及「愛國者治港」的原則後，我們更有自信，希望能為民族復興及國家的和平統一作更多貢獻。

二〇二二年十一月十七日 面書

展望二〇二三

二〇二二年對國家及香港來說，是非常複雜多變的關鍵一年。世界局勢變幻莫測，而香港不單是中國的特別行政區，更是國際商貿金融中心，國際局勢的變化對香港的未來發展，可謂息息相關，脫不了關係。

世界百年未有之大變局正加速演進

這年的重要國際大事，當然要數俄烏戰爭。這場戰事自二月開打，不經不覺已十個月，至今仍然膠着，未看到終局，但是已引致能源價格急升，加劇通脹壓力，讓全球特別是歐洲進入經濟衰退，對香港也會有影響。

除了俄烏這場真槍實彈的戰事，另一場沒有硝煙的戰爭同樣劇烈。美國國防部部長奧斯汀（Lloyd Austin）在列根國防論壇上表明未來數年必須盡全力壓制中國的高科技發展。白宮國家安全顧問蘇利文（Jake Sullivan）亦表示，美國與中國在計算機學、生物科技、清潔能源技術等領域上的競爭正處於「關鍵的十年」。

拜登政府出手更狠

因此，美國「大條道理」，以國家安全為由，先在二〇二二年七月通過了《晶片和科學法》（CHIPS and Science Act），強調全面促進美國的半導體產業發展，例如為在美國營運的晶片製造商提供補貼，威迫利誘台積電帶人帶技術到美國設廠；再在十月擴大實施「外國直接產品規定」（Foreign Direct Product Rule），禁止使用美國技術或美國原材料製造半導體的企業向中國出售有關產品，亦禁止美國企業及盟友向中國出口晶片製造設備，致力削弱中國自行研發和生產半導體的能力，全面封殺中國的高科技發展，說穿了就是開打科技戰，可見拜登政府這場科技戰，比起特朗普政府主打的貿易戰、關稅戰，其實出手更狠。

黑天鵝、灰犀牛事件隨時發生

中國對於這樣的局勢當然早有警覺，總書記習近平在「二十大」報告明確指出，「世界百年未有之大變局加速演進，新一輪科技革命和產業變革深入發展，國際力量對比深刻調整」，「逆全球化思潮抬頭，單邊主義、保護主義明顯上升，世界經濟復甦乏力，局部衝突和動盪頻發，全球性問題加劇，世界進入新的動盪變革期」，他特別強調「各種黑天鵝、灰犀牛事件隨時可能發生」，國家「必須增強憂患意識，堅持底線思維，做到居安思危、未雨綢繆，準備經受風高浪急甚至驚濤駭浪的重大考驗」。

至理名言，香港不得不聽，特別是香港屬細小而開放的經濟體，外圍動盪，香港無法獨善其身。香港的任何規劃，都不可能漠視外圍形勢。

創科及青年藍圖問世

回說香港，二〇二二年讓香港「由亂及治，由治及興」，皆因香港在實施《香港國安法》、完善選舉制度並選出新一屆九十位立法會議員後，再在七月產生了新一任行政長官。李家超主張「以結果為目標」，強調團隊合作，上任後勵精圖治，做了大量工作，首先是成立了「土地房屋供應統籌組」、「公營房屋項目行動工作組」、「地區事項統籌工作組」及「弱勢社群學生擺脫跨代貧窮小組」四個小組，重點推動北部都會區發展策略，推出簡約公屋等等。

「二十大」報告強調「實施科教興國戰略，強化現代化建設人才支撐」及「青年強，則國家強」，特區政府沒有怠慢，剛在年末推出《香港創新科技發展藍圖》和《青年發展藍圖》，亦推出了「搶人才、搶企業」計劃，列出多項重點策略，勾畫未來。我期待在二〇二三年，將有更多細節措施及計劃問世，讓香港的創科發展有質的飛躍，香港的青年人看到未來。

通關有序　復常有望

抗疫方面，特區政府在這半年來，堅持穩定有序的步伐，逐步放寬入境及防疫措施，逐步對外開放，我認為是正確的策略。隨着國際金融領袖投資峰會（Global Financial Leaders' Investment Summit）、Towards a Fairer, Safer World 論壇、Citi China Investor Conference 2022，以及香港國際七人欖球賽、香港單車節等等盛事陸續順利進行，證明香港具有聯通世界的能力，隨時可以「動起來」，重返國際舞台中心。

至於最新的好消息，當然是李家超在北京述職回港後，公佈中央政府同意與香港有序、免隔離全面通關，計劃於一月中落實有關安排，這將會是香港踏入二〇二三年的好開始，市民生活復常，旅遊業、飲食業，以至零售等各行各業都將充滿生機，經濟將再次騰飛。

改善行政立法關係

此外，李家超銳意改善行政立法關係，舉辦前廳交流會是創新做法。事實上，在完善選舉制度後，立法會議席增至九十席，當中很多獨立議員沒有政黨聯繫，前廳交流會是大好機會，讓議員和官員直接交流，表達意見，誠是好事。前廳交流會已舉行了五次，相信未來會持續舉行，我十分支持。

不過，正如很多中央官員都有提過，行政立法既要互相配合，也要互相制衡。最近便有議員對於特區政府太遲出文件、議員沒有足夠時間討論問題而有微言。立法會議員不能當橡皮圖章，要主動加強監察特區政府的表現，要盡己之責，確保特區政府聽到真正的民意，確保資源用得其所，具成本效益。

二〇二三年更好地發揮優勢

總書記習近平在「二十大」報告中，再次確立了「一國兩制」的重要性，「是香港回歸後保持長期繁榮穩定的最佳制度安排，必須長期堅持」，這是國家給予香港最強而有力的保證。香港必須抓緊「二十大」精神，在二〇二二年的良好基礎上，更好地發揮「背靠祖國，聯通世界」的優勢，在二〇二三年發光發熱！

二〇二二年十二月二十八日《經濟通》〈葉劉的地球儀〉

港澳加強合作　融入大灣區發展

二〇二三年二月二日，新民黨久違地組織了交流團，前往澳門考察一天，由擁有豐富澳門人脈的新任立法會議員何敬康擔任團長。當日行程相當緊湊，拜會了澳門行政長官賀一誠、經濟財政司司長李偉農、全國政協副主席何厚鏵，參觀了澳門立法會和澳門科技大學，也與李偉農及澳門工商聯代表作了深入交流，收穫甚豐。

澳門行政長官賀一誠非常客氣，不單與我們詳談了一個半小時，還在新聞稿中說「港澳兩個特區一向保持良好關係，澳門一直以來都是樂於學習借鑒香港的成功經驗，未來將繼續加強與香港的交流與合作」，又指「香港新民黨秉持愛國愛港宗旨，為香港的發展做了大量工作，是香港政府與居民溝通的重要橋樑之一。」我們非常感謝賀一誠詳細介紹了澳門發展的方方面面，我認為澳門不少政策值得香港學習借鑒，特別認同兩個特區可以加強交流合作，共同促進大灣區發展，達致港澳雙贏。

早一步全面通關　澳門佔先機

首先，眾所周知，疫情三年以來，澳門的抗疫策略一直與內地同步。澳門五十萬人口當中，有十多萬人居於珠海，每天過境工作，若澳門與內地封關，斷絕人員往來，會非常不便，也不利經濟發展及社會和諧，因此澳門與內地抗疫一體化，合情合理。

為了抵銷抗疫對經濟的影響，澳門政府連續十六年實施「現金分享計劃」，全民派錢，今年也將向全民派發現金一萬澳門元；此外，澳門於二〇二〇年起派發電子消費券（消費補貼計劃），比香港早了一年。

澳門於一月八日起全面開關，比香港早了一個月，旅客入境澳門免檢疫、免隔離、免核酸、取消健康申報、停用紅黃碼，於是旅客湧入、賭場爆滿、酒店加價，特別是農曆新年期間，市面非常熱鬧。

早前有外媒記者向我提問，為甚麼這段期間訪澳旅客的人數，會比訪港旅客多？我認為有幾個原因：第一就是澳門比我們早一步全面開關，而且免卻很多旅客都覺得不便的核酸檢測，但是香港同期只開放了部份口岸，以及入境需持有四十八小時內的核酸檢測陰性證明，因此澳門是佔了先機；第二，所謂新正頭、好意頭，很多中國人都喜歡在新年入賭場「玩返兩手」，澳門博彩業蓬勃，自然有優勢。

聯合優惠吸港澳同遊　擴大產業鏈

說到澳門的博彩業，一直是澳門的經濟支柱，在疫情前的二〇一八年，博彩毛收入達三千零二十八億四千六百萬澳門元，而博彩稅為毛收入的百分之四十，抽稅相當高；此外，澳門博彩監察協調局剛宣佈，將徵收百分之五博彩中介佣金稅。雖然稅率如此高、競爭又大，博彩娛樂企業仍前仆後繼，二〇二一年十二月，六家博彩娛樂企業與澳門政府簽署十年博彩合約，投資總額達一千一百八十八億澳門元。博彩娛樂企業不畏競爭，也不畏高稅率，反映高博彩稅率會打擊博彩業、影響投注的說法站不住腳。

澳門博彩業與旅遊業的關係密不可分，互相帶動，提振效益，香港也可加強與澳門的合作，相對於把對方視為競爭對手，不如港澳聯手推動大灣區旅遊特色，擴大整個旅遊產業鏈，尋求共贏。例如在開關過渡期，港澳可推出聯合優惠，「我送機票你送船飛」之類，吸引旅客港澳同遊，達致最大效益。

橫琴深合區　盡顯「一國兩制」獨特性

除了博彩業、旅遊業，澳門政府也希望擴闊當地產業結構，讓經濟有更全面的發展，其中「橫琴粵澳深度合作區」便是重要項目。橫琴深合區佔地約一百零六平方公里，定義為特殊經濟區，這個特區中的特區，在推動創科產業、經濟發展，甚至法制發展均有重要貢獻，深合區內的民事及商業訴訟採用澳門法，刑事訴訟則運用內地法，進一步彰顯「一國兩制」的獨特性。

我們亦參觀了澳門科技大學，進一步了解澳門的創科發展。不說不知，澳門科技大學原來是私立大學，於二〇〇〇年建校後，聘用大量內地、香港以至海外的學者，全力聚焦創科研究，現任校長李行偉教授便來自香港科技大學，是二〇一〇年度「國家科學技術進步獎」的得獎者。

增加創科協作　發揮基礎科研優勢

澳科大現時設有兩個國家實驗室，一個是「月球與行星科學國家重點實驗室」，另一個則是「中藥質量研究國家重點實驗室」，兩個範疇都對國家的未來發展有重要戰略意義。

當天我們參觀了「中藥質量研究國家重點實驗室」，了解到實驗室有各級科研人員四百多人，包括諾貝爾獎得獎者和中國科學院院士；硬件方面，實驗室投放很多資源，設置很多先進儀器，務求以最先進的醫學科技、創新技術，分析各種中藥的成份、提升複方質量、研發新藥等，以配合國家政策，推動中醫藥國際化。

香港的大學在基礎科研方面，一向非常出色，創新科技及工業局剛發表了《香港創新科技發展藍圖》，我認為當局應在《藍圖》的基礎上，加強與澳門的合作，以發揮更強大的科研力量。

當天另一個重點考察地，就是澳門立法會。澳門立法會主席高開賢和議員何潤生帶我們參觀了立法會大樓，我們試坐了議事廳的議員席，覺得座位較香港的舒服呢。高開賢告訴我們，原來香港立法會興建新大樓前，立法會秘書處曾組團到澳門視察，現在兩地議事廳的設計有異曲同工之妙。

此外，香港議員座位上的顯示屏，只顯示頭三位發言順序的議員姓名，澳門這邊便不同了，顯示屏上顯示所有議員的發言順序，我認為這個細節非常好，議員知道自己的排序，可準確地做好準備，希望香港立法會可參考。

高開賢也向我們介紹了澳門立法會的組成，其實類似香港完善選舉制度後的做法，他們共有三十三名議員，澳門政府委任七席，直選議員十四人，餘下十二席則由間選產生。澳門政府根據中央的要求，參選立法會的人士必須通過資格審查委會員的審查，才能成為候選人，確保體現「愛國者治澳」的目標。

直選方面，澳門採用「名單制」，根據「單一可轉移票制」（single transferable vote）的原則，若某候選人的得票夠多，便可帶名單上的其他候選人入局，香港以前也採用過類似制度；其實世界各地的選舉制度各有不同，最重要是因應當地的實際情況，發展最適用的制度。

立法維護國安步伐　澳更領先

最後，我們討論了《澳門基本法》和《香港基本法》的相互影響。《澳門基本法》是在一九九三年通過、一九九九年實施，比《香港基本法》（一九九七年實施）晚了兩年，因此《澳門基本法》在草擬時，是有汲取香港的實際經驗，例如有關居留權的條文，當年《香港基本法》第二十四條引起「吳嘉玲案」等居留權爭議，即父或母在未有香港居留權之前所生的子女，有沒有香港居留權？而《澳門基本法》第二十四條則非常清晰，是要已經擁有居留權的澳門永久性居民所生之子女，才會享有澳門居留權，免卻爭議。

此外，澳門早於二〇〇九年已為第二十三條自行立法，履行了憲制責任，維護了國家安全；而香港至今仍未為第二十三條自行立法，反而是中央為香港訂立《香港國安法》，在這點上，兩地步伐的確有差異。

總結這次澳門之行，雖然只是一天行程，但是讓我們加深了對澳門的全面了解，對於今後如何加強港澳兩地合作，推進香港融入大灣區、加入國家發展大局，有很好的催化作用。

二〇二三年二月八日《香港經濟日報》〈評論〉

全國兩會傳遞的重要訊息

二〇二三年全國兩會，習近平全票當選為國家主席及中央軍委主席，繼續擔當我們國家的最高領導人。這對於我國全面建成社會主義現代化強國、全面推進中華民族偉大復興有非常重大的意義。香港更加要自發鞏固及提升自身優勢，好好地把握「十四五」規劃綱要賦予的「八大中心」定位，推動香港由治及興，不負中央期望。

兩會其中一個重要訊息，是公佈《黨和國家機構改革方案》，重點加強科學技術、金融監管、數據管理、知識產權等重點領域的機構職責優化和調整。當中與香港息息相關的，是在「深化黨中央機構改革」部份提出組建中央港澳工作辦公室，由中央直接領導港澳工作。改革凸顯中央對香港的重視，落實中央全面管治權，有助香港更好地實踐「一國兩制」，利好香港的長遠發展。

中央重視支持香港　更好實踐「一國兩制」

經濟方面，兩會發表了新的經濟策略，堅持「穩字當頭」、「穩中求進」，以推動經濟運行。李克強總理強調「三穩一進」：穩，重點是穩增長、穩就業、穩物價；進，關鍵是在高質量發展上取得新進步。實現高質量發展是指可持續發展，包括綠色發展以及用科技推動發展等等，而非單靠投放大量資源的粗放式發展。放眼香港未來，推進高質量發展也是必須的。

中共「二十大」報告已提出，「全面建設社會主義現代化國家，是一項偉大而艱巨的事業」，「世界百年未有之大變局加速演進」，「我們必須增強憂患意識，堅持底線思維，做到居安思危、未雨綢繆，準備經受風高浪急甚至驚濤駭浪的重大考驗」。在嚴峻的國際局勢下，香港特區的角色更顯重要。十四屆全國人大一次會議閉幕會，習近平主席發表重要講話時強調，「我們要扎實推進『一國兩制』實踐和祖國統一大業。推進強國建設，離不開香港、澳門長期繁榮穩定。」對此，我印象特別深刻，特別認同。香港要大力發展經濟、改善民生，更好融入國家發展大局，這是習近平主席對香港的囑咐，也是香港肩負的責任。特區政府展開了大量工作，香港能否邁過以往幾年的坎，克服挑戰，迎向光輝未來，未來數年至為關鍵。

發揮香港優勢　貢獻國家發展

香港擁有「背靠祖國，聯通世界」的獨特優勢，所以更加要自我鞏固及提升，把握「十四五」規劃綱要賦予的「八大中心」的定位，不負中央期望。香港立法會議員也應肩負重任，與特區政府並肩而行，協助特區政府落實各項國家政策，推動香港長遠發展。

國家在國際舞台上的影響力愈來愈大，由西方一個超級大國主導的單極世界漸漸向多極世界發展。事實上，習近平主席早於二〇一三年已提出「構建人類命運共同體」的理念，在二〇一七年的「十九大」報告中也多次提及，國家「堅持和平發展道路，推動構建人類命運共同體，促進全球治理體系變革」。

習近平主席強調，「中國的發展惠及世界，中國的發展離不開世界。我們要扎實推進高水平對外開放，既用好全球市場和資源發展自己，又推動世界共同發展」，這倡議有助建立國際新秩序，推動建設相互尊重、公平正義、合作共贏的新型國際關係。香港作為國家最國際化的城市，可以在這方面作出貢獻。近日香港舉辦不少在金融、文化、體育各方面的盛事，提升香港的國際形象，加強與國際社會的聯繫。香港社會各界不乏精英，擁有和國際社會打交道的豐富經驗，相信香港能為國家實現構建人類命運共同體的偉大願景作出貢獻。

二〇二三年三月二十九日《文匯報》

當今國際形勢下的國家安全挑戰及應對

香港《基本法》第二十三條規定，「香港特別行政區應自行立法」，禁止七項危害國家安全的罪行，但是到目前為止，香港特別行政區仍未履行其憲制責任。

二〇二〇年，全國人大常委會為香港訂立《香港國安法》，針對二〇一九年發生的暴亂，訂定了四項新的罪行：分裂國家罪、顛覆國家政權罪、恐怖活動罪，及勾結外國或者境外勢力危害國家安全罪；但是香港現存的法例，仍存在不少國家安全漏洞。

環顧世界各地，絕大多數國家都有因應國際形勢、科技發展、自身需要而制訂國家安全法例，美國、英國、新加坡的法律就是值得參考的例子。

美國的國家安全法律分四個階段演變

美國與國家安全有關的法例，多達二十多條，其國家安全的概念和法例不斷演變，可分四個階段。

第一階段要由美國立國説起，當時沿襲英國的傳統法律，美國憲法（The Constitution of the United States）第三條第三部份（Article III, Section 3）已有叛國罪（treason），主要針對協助敵人對美國發動戰爭。

今天的《美國法典》（U.S. Code）第一百一十五章（Chapter 115）已有完備法例懲處叛國、叛亂（sedition）、顛覆活動（subversive activities）等罪行，例如叛國可處死刑。

美國引進「國家安全」概念並不斷擴闊

第二階段是指第一次世界大戰後，美國於一九一七年通過《間諜法》（Espionage Act of 1917），原意是針對干預軍事行動及洩露國防機密的行為。在上世紀四十年代，有一位普林斯頓大學的學者提出涵蓋範圍十分廣闊的「國家安全」概念，其後獲廣泛接納，以後美國日趨引用《間諜法》檢控一些與國安無關的個案，包括一些只是洩露外交材料的吹哨人，奧巴馬政府更用此法檢控了八人，包括斯諾登（Edward Snowden）及亞桑奇（Julian Assange）。

除了《間諜法》，《美國法典》第三十七章（Chapter 37）《間諜及審查》（Espionage and Censorship）也有條文針對間諜行為。

美國於二戰後整合國安與情報系統

第三階段要說到第二次世界大戰，鑒於發生了日本偷襲珍珠港事件，美國認為情報工作失敗，於是在一九四七年通過《國家安全法》（National Security Act of 1947），整合保護國家安全的體制及架構，將美國陸軍、海軍、空軍收歸美國國防部（Department of Defense），並設立美國國家安全會議（National Security Council）及美國中央情報局（Central Intelligence Agency）；之後又通過《中央情報局法》（Central Intelligence Agency Act of 1949）及《外國情報偵察法》（Foreign Intelligence Surveillance Act of 1978），連串法例對美國往後的國安發展，影響深遠。

美國不單建立龐大的軍事系統、國家安全架構及情報網絡，美國政府更矢志要教育所有美國人明白國家安全的重要性，也矢志向全世界宣揚所謂美國價值。

美國指中國為最大競爭者

美國的國家安全策略發展到現在的第四階段，其重點是直指中國為最大競爭者。

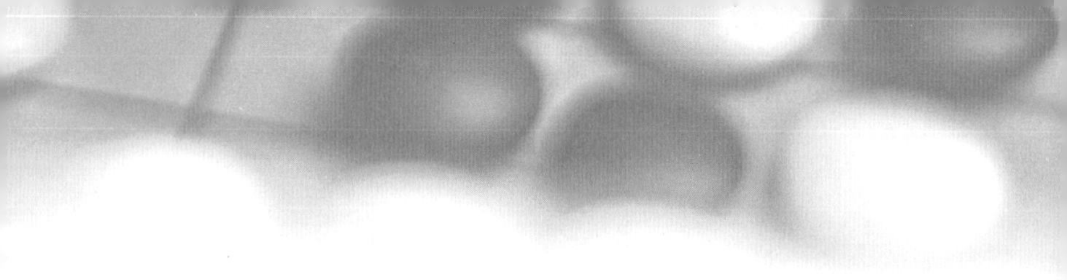

隨着中國改革開放後迅速和平崛起，不順從以美國為首的單極秩序（Unipolar Order），近年來美國出現「中國威脅論」，視中國為美國的最強對手。

二〇二二年十月，美國白宮發表了《國家安全策略》（The 2022 National Security Strategy），美國總統拜登在〈前言〉指出，世界正來到轉折點，而世界需要美國的領導，以美國的價值來塑造未來的國際秩序。

《國家安全策略》多番強調中國是最強競爭者，所佔篇幅比俄羅斯更多更前，指控中國是「唯一有意圖及不論在經濟、外交、軍事及科技均愈來愈有能力重塑國際秩序的競爭者」（The PRC is the only competitor with both the intent to reshape the international order and, increasingly, the economic, diplomatic, military, and technological power to do it）；又說未來十年是關鍵時刻，強調美國將從「投資（invest）— 結盟（align）— 競爭（compete）」三方面鬥贏中國（out-compete China）。

美國透過不同的法案及規例，打壓中國的高科技發展。頒佈《國家安全策略》後，美國商務部立刻禁止高科技出口中國、禁止半導體產品及相關裝備出口中國、禁止任何使用美國科技的外國產品輸華、禁止美籍人士在中國科技企業工作、禁止中國企業在美國投資融資；

也以收集數據、侵犯私隱、危害美國國家安全為由來針對中國企業及產品。另一方面，美國不斷用散播虛假資訊、造謠（disinformation）等手段打擊中國，亦透過傳媒抹黑中國，把中國塑造成與所謂民主價值相反的極權國家，對全球都有威脅。

英國大幅度修改國安法

英國在美國的影響下，辛偉誠在二〇二二年發表對華政策時指「中國對英國構成系統性挑戰」（systemic challenge）。二〇二三年三月，辛偉誠接受美媒訪問時，更指中國是英國經濟利益的最大威脅，也對世界秩序構成系統性挑戰。（China represents the biggest state threat to our economic interests, for sure. It's a systemic challenge for the world order.）

英國也不斷因應形勢而更新國家安全法律，於二〇二一年通過《國家安全及投資法》（National Security and Investment Act 2021），賦權英國政府設立投資安全部（Investment Security Unit），可以國家安全為理由，嚴格審查外國資金在英的投資和交易，並且有權叫停交易。

英國即將通過《國家安全法》

此外，英國早於二〇一七年已經啟動審查過時的《官方機密法》《Official Secrets Act》，經過諮詢後提出新的《國家安全法》（National Security Bill 2022-2023），大幅度修改過時的條文及訂定新的條文來對付間諜活動（espionage）、蓄意破壞（sabotage）及外國干預（foreign interference）等威脅，又引進一些新概念，例如把「敵人」（enemy）更新為「外國勢力」（foreign power），提出「敵對國家」（hostile state）和「外國威脅」（state threats）等等。

新加坡法例嚴苛

鄰近香港的新加坡非常重視國家安全，法例嚴苛，而且比香港具前瞻性。

新加坡於殖民地年代已制訂法例禁止叛國及煽動等罪行。一九六五年獨立後，新加坡政府制訂《內部安全法》（Internal Security Act），防止顛覆活動，新加坡政府可禁止顛覆性文件和出版物出版，可關閉涉嫌危害國家安全的娛樂場所和展覽，也有權拘捕任何涉嫌危害國家安全的人。

新加坡也已在二〇一九年通過針對發放假消息的《防止網絡假資訊和網絡操縱法》(Protection from Online Falsehoods and Manipulation Act, POFMA)。而為了應對外國勢力的干預和滲透，新加坡於二〇二一年通過、二〇二二年實施《防止外來干預（應對措施）法案》(Foreign Interference (Countermeasures) Act 2021)。該法例針對透過電子通訊，及規管「具有政治意義」的個人或組織(politically significant person)影響新加坡的政治及干預選舉，賦權內政部長可屏蔽及終止發佈涉事內容、取消涉事賬戶、移除涉事應用程式等。此外又加強規定，要求「具有政治意義」的個人或組織申報捐款來源及與外國的聯繫。

香港面對國家安全威脅及對策要履行憲制責任

國家領導人經常提醒我們，香港正身處世界百年未見之大變局，這個大變局其實就是我國的和平崛起及不可逆轉的民族復興，因而面對美國為維持其霸權地位而對我國進行全方位打壓。

在這個嚴峻的形勢下，香港面對前所未有的國安威脅，要多管齊下建立維護國家安全的屏藩，包括建立對國家民族的認同及愛國的情懷，對我國的文化、制度及價值的自信，對外宣揚我國重視和平發展，合作共贏的價值，以人民幸福為依歸，努力為世界和平作出貢獻。

香港需要更新過時的法例以懲處叛國、竊取國家機密及間諜等行為，還應參考外國法例，針對政治滲透、干預選舉、發佈假消息等行為立法。換句話說，為維護國家安全，香港應有準備，完善法例，及打持久的訊息戰及意識形態戰。

二〇二三年四月十五日「全民國家安全教育日」演說全文

二〇二三年四月二十八日《紫荊》雜誌

夏寶龍主任訪港既縱且橫

二〇二三年四月中，夏寶龍主任訪港六天，走訪了各大管治及金融機構、大學及創科中心，他十分關注本地的發展項目，更深入各階層，從外國及本地商人、代表性人物，以至市民大眾、少數族裔，都一一了解、接觸。從早上和街坊飲早茶，到晚上欣賞維港景色；由港九到新界，可謂馬不停蹄、舟車勞頓，我形容他今次的行程是既縱且橫、由外至內，把整個香港都大略地走了一遍。

夏主任每到一處，都為港人留下十分重要的訊息，反映國家對香港的重視及期盼。

首先，這次夏主任來港，傳媒起初不大懂得他的新職稱，因為在「二十大」及兩會後，國家掌管香港事務的機關改組，由原國務院轄下的港澳事務辦公室，改由中央親自領導的中央港澳工作領導小組負責。傳媒及後才察覺夏主任有雙重身份，新職稱應為「中央港澳工作領導小組常務副組長兼領導小組辦公室主任」。

把香港提升到極高的戰略層次

夏主任的訪港隨行人員包括港澳辦副主任王靈桂、黨組成員向斌以及多名司長，等於「半個港澳辦」來港進行大規模調研，反映中央有計劃深入了解香港由亂到治的情況，確認落實全面管治權，並把香港的地位提升到極高的戰略層次。

事實上，二〇一九年的黑暴後，中央便將當時的「中央港澳工作協調小組」提升為「中央港澳工作領導小組」，由時任副總理韓正擔任組長。及至今次改組，領導小組組長則由常務副總理丁薛祥出任，除夏寶龍出任常務副組長兼領導小組辦公室主任外，轄下更增設四位副組長，包括全國政協副主席石泰豐、中央政法書記陳文清、國務委員兼公安部長王小洪及國務委員兼外交部長秦剛。擴充編制代表國家對香港行使全面管治權將更準確更扎實，亦代表中央對香港更加重視。

香港牽動國家主席習近平的心

國家主席習近平在多次關於香港的重要講話均強調：「香港一直牽動着我的心」、「真誠希望香港好、香港同胞好。香港繁榮穩定是香港同胞的心願，也是祖國人民的期盼」。二〇二二年「七一」來港，習主席強調「一國兩制」是非常好的制度，需要長期堅持，並肯定「一國兩制」對國家的重要性。他讚揚香港是國家改革開放的「弄潮兒」，具有「背靠祖國，聯通世界」的優勢，對國家持續現代化作出重大貢獻。特別當中美的鬥爭愈來愈嚴峻，香港的中介角色便顯得更為重要。故此，作為全國最能夠與國際接軌的城市，中央將香港提升到非常高的戰略地位，預計未來中央對香港支持的力度將愈來愈大。

動亂的根源仍在

第二個重點，夏主任在四月十五日「全民國家安全教育日」論壇中發表了重要講話。當天，中聯辦主任鄭雁雄亦發表講話，表示維護國家安全遠未到「刀槍入庫，馬放南山」的階段，「治」的局面還不鞏固。他們講話的主調一致，均表示動亂的根源仍在，香港一定要提高警惕，這訊息十分明顯。行政長官李家超表示，為《基本法》第二十三條立法、完善國家安全法例是香港特別行政區的首要責任，並表示將於二〇二四年完成。

達致行政主導　良政善治

另一個重要訊息，是關於管治。夏主任於四月十三日抵港後，立即會見了行政長官、行政會議全體非官守成員以及特區政府高層官員，翌日（十四日）考察香港終審法院，與終審法院首席法官張舉能及各級法院的領導座談。十五日他出席「全民國家安全教育日」，然後在十六日考察立法會，與立法會主席梁君彥議員和全體立法會議員閉門會面。

中央政府明白，黑暴後中央及特區政府做了大量工作，香港才得以撥亂反正，重回正軌。夏主任訪問行政會議、司法機關和立法會，等於視察了香港的管治三大板塊，提醒我們要基於「一國兩制」的原則，達致行政主導，良政善治。三個管治機關應互相配合，團結一致，支持特區政府依法施政。

重視創科與金融

第三個重要訊息有關經濟發展。夏主任走訪了香港交易所，與主席史美倫交流；到訪金管局與財金界人士會面。另外，他亦在創新科技及工業局局長孫東教授陪同下，前往香港科學園考察；又前往香港科技大學，參觀科大的空氣動力學和聲學實驗中心；及至離港當天早上，仍把握機會考察香港大學的工程學院。

夏主任的行程反映中央政府非常重視本地的創科及金融業，未來香港的發展必然是金融及創科雙翼齊飛。國家一定會強化我們國金中心的地位，以及大力推動科技創新的發展。

透過基建打通大灣區

第四個重要訊息有關港人最關心的土地及房屋問題。四月十四日，夏主任參觀中環的展城館，發展局局長甯漢豪向他介紹北部都會區和交椅洲人工島兩個項目。隨後他到蓮塘香園圍口岸實地考察，反映他十分明白透過基建打通大灣區的重要性。

社會上有聲音質疑夏主任為甚麼沒去家訪劏房戶？我認為，香港土地房屋供應不足，問題嚴峻，中央領導人相信早已知悉，「告別劏房」已是共識，此行便不必再去了。

深入了解教育問題

夏主任訪港的第五個重點訊息是關於教育。這次來港，夏主任花了不少時間到訪本地的大、中、小學，聽取同學分享中國歷史科、通識科和公民與社會發展科的學習心得。我相信是因為二〇一九年黑暴，有青年人在街上揮舞英美的旗幟，鼓吹港獨，中央已經明白本地教育出了問題，故透過此行再作深入了解。

總括而言，夏主任這次訪問香港，可說是以行動勾勒出未來香港的發展藍圖，整個社會都走了一遍，方方面面都親自了解，明顯希望加深對香港的認識。相信中央十分明白，香港在撥亂反正後，「由亂到治、由治及興」均在剛起步階段，安全穩定仍然脆弱。今次夏主任以行動作支持，相信未來中央對香港的支持將會更大，協助我們解決很多老大難的問題。

二〇二三年四月十九日 面書

第三章 倡議政策由我做起

香港成立財富基金的一條妙計

二〇二二年六月九日，立法會討論《善用「未來基金」及「香港增長組合」，推動產業結構多元化》議員議案。原議案指目前「未來基金」存放在「外匯基金」中，由金管局負責投資，受外匯基金投資管理制度規管，作風過份保守，更指「未來基金」在現有運作模式下，進展緩慢，難從開拓性、全局性及長遠的視野，作策略性投資。

原議案建議特區政府仿效新加坡政府全資擁有淡馬錫控股，善用「未來基金」對香港產業作多元化投資。我對於運用「未來基金」作大規模投資有所保留，反而有一妙計可讓特區政府以「零成本」成立一個極具增長潛力的「財富基金」，在不動用「未來基金」的情況下，提供充足資金作跨產業高端投資，真正推動香港經濟多元化發展。

事實上，無論動用「外匯基金」或來自「土地基金」的「未來基金」去擴闊香港的經濟架構，投資在新興創科產業或傳統優勢產業，或者意圖縮窄貧富差距，都可能違法。根據《外匯基金條例》第三條的第一和第二段，「外匯基金」設立的首要目的，是用於維持匯率穩定及維護香港作為國際金融中心的地位，所以香港目前規模約三千億美元的「外匯基金」

的確不可亂花。

至於「未來基金」，第一筆二千一百九十七億元資金來自「土地基金」，而「土地基金」的運用受制於《中英聯合聲明》〈附件三〉，註明土地交易所得的地價收入只可用於土地開發和基建設施，如要動用這些資金作其他用途，例如投資任何產業，根據《公共財政條例》第II部，皆必須經由立法會動議通過，除非財政司司長按香港附屬法例第二十章《土地基金》第七段行使酌情權「授權和指示將土地基金在任何時候所持有而無須立即用以支付土地基金開支的任何資產，以財政司司長決定的方式投資」，否則，在一般情況下，「未來基金」的運用並不能如原議案所建議般，同樣是不容揮霍。

回顧當年雷曼債券危機後，多位議員質疑金管局總裁過於保守，只投資美債，原因正是「外匯基金」需要保留大量現金或流動性高、容易轉讓的證券（cash or marketable securities），例如美債，而不是投資在土地而導致資金不能調動，以備外匯利率波動時，當局隨時可以介入。

至於為何當局能夠向「未來基金」下的「香港增長組合」增撥一百億元投資大灣區和創科產業呢？因為一百億港元只是十多億美元，相對規模達三千億美元的「外匯基金」而言只是微不足道，這個金額可以嘗試用於多元化投資，但始終「外匯基金」不能像「淡馬錫基金」動用數以千億的資金作投資。特區政府一向理財穩健，因而未有參考新加坡經驗設立一個「淡馬錫基金」，亦即「政府財富基金」。不過，我認為有一妙計可讓特區政府以「零成本」成立一個極具增長潛力的「財富基金」。

我留意到「淡馬錫基金」一開始成立便升值，因為新加坡政府一開始向基金投放了許多政府資產，並以低價為這些資產估值，所以「淡馬錫基金」在一九七四年成立後立即自動升值。我認為特區政府可以照辦煮碗，我們現時全資擁有兩條過海隧道，紅隧就是一條保證有收益的「銀錢隧道」，而待二〇二三年八月西隧歸還政府後，特區政府可以將三條隧道整合成立一個「財富基金」，並以公私營合作形式，用於投資在大灣區、北部大都會等具有長遠增值潛力的穩健投資項目。

現時地緣政治環境非常險惡，我認為應該盡量保持「外匯基金」的穩定，保留充足彈藥在手以防有人狙擊港元，或向香港實施金融制裁。因此，以整合三條隧道成立一個「財富基金」，再配合公私營合作，就可以在保持香港貨幣金融體系穩定健全的同時，提供充足資金作跨產業的高端投資，真正推動香港經濟多元化發展。

二〇二二年六月十五日及十八日《明報》〈三言堂〉

管治新風格　整個政府「動起來」

二〇二二年七月，隨着國家主席習近平訪港、帶來「四個必須」和「四個希望」，新一屆特區政府在行政長官李家超帶領下宣誓上任。在新的管治風格下，感覺是整個特區政府都「動起來」，例如各司局長都紛紛有視察行動，亦不吝嗇面對傳媒，更於七月七日宣佈暫緩航班熔斷機制等，我認為方向正確，是好的開局。

說到新的管治風格，帶動者當然是新上任的行政長官李家超，他在七月六日進行了首場立法會行政長官答問大會，向公眾闡述其施政新猷，亦回答了議員的提問。

攝錄小隊緊隨行政長官　一相勝千言

首先，我留意到有一隊攝錄小隊，時刻緊隨李家超，為他拍攝相片、錄影錄像，這對營造形象及傳達訊息是非常重要的，卻是前任行政長官沒有的配置。正如英文諺語所言 a picture is worth a thousand words，相比起冗長的記者會出鏡或充滿技術資料的獨白演說，有時真是一相勝千言，更易讓市民接受。因此，大家會見到李家超的 facebook 既上載太太替他打呔、愛心飯盒的相片，也有他出席活動、忙碌工作的相片，甚至有「直男」自拍照，既有公也有私，十分人性化。

另一點值得留意的是，李家超很多相片都不是獨腳戲，而是着重團隊、同伴、與人交流。我相信加入了特首辦的前警隊公共關係科總警司、前保安局首席助理秘書長謝振中功不可沒。

前廳交流會　宜定重點聚焦討論

第二，李家超主張辦每月前廳交流會，每次由司長或副局長，帶領五、六名局長及官員，在立法會的前廳和議員交流。這個建議瞬間把立法會前廳帶進公眾視線。前廳，英文是 Antechamber，設於會議廳（Chamber）對面，本是議員小息或休歇的地方，記者或議員助理也不得進入。那裏氣氛較輕鬆，讓局長和議員在前廳交流討論，我認為是好提議，可能會比行政長官進行短問短答更有實際成效。

不過，除了適合的場地，擬定討論的範疇也十分重要。我建議特區政府在每次前廳交流會前，提出重點討論的範疇或議題，如此局方和議員都可有較充份的準備，聚焦討論，以免流於風花雪月。

第三，李家超宣佈成立四個工作組，包括「弱勢社群學生擺脱跨代貧窮小組」、「土地房屋供應統籌組」、「公營房屋項目行動工作組」，以及「地區事項統籌工作組」。這種成立行動組的做法，大抵是來自他的警察背景和經驗，四個工作組分別由司長及副司長負責，而非萬事由行政長官本人親自領導，再次反映他深明分工合作的重要性。

關注跨代貧窮　任重道遠

貧富懸殊一直是香港的深層次問題，上屆政府採取「相對貧窮」的定義，致使在數據上社會永遠都有人貧窮，而且若純粹靠特區政府的福利或措施介入，未能做到精準扶貧。我認為，劏房戶是居住環境及生活條件最惡劣、最需要幫助的弱勢社群，這些貧窮家庭的小朋友更需要幫助。

舉個例，我認識有家庭資源不俗的小朋友，在小一開始便學習編程（coding）、小四開始學習西班牙語，現在小六了，説起來已有六年編程經驗、西班牙語也説得流利，擴闊了升中及未來發展的選擇；相對地，貧窮家庭的小朋友沒有資源參加這些興趣班，依靠小學的校內課程的話，一般要到高小才接觸編程入門，其他外語更加鮮有小學提供，與前者比較起來，貧窮家庭的小朋友已然輸在起跑線。

因此，我很欣慰李家超關注跨代貧窮的問題，並且特別成立「弱勢社群學生擺脱跨代貧窮小組」應對，「個人發展規劃」、「師友配對」等計劃都很人性化，反映他有關愛下一代的愛與誠，並非只着眼冰冷的福利數據。不過，這可是個長遠的問題，帶領這個小組的政務司司長，任重道遠。

加強地區統籌　消除政出多門

我們做地區工作的，都知道何謂「政出多門」，就是遇上問題的時候，政府不同部門你推我讓，往往小小問題也拖延甚久、難有進展，例如衛生惡劣、鼠患蚊患、滲水、阻街等等。疫情期間有一段時間，民政局像消失了一樣，要靠政黨及地區組織自發籌集及派發抗疫物資，便遭市民深深詬病。

大抵是李家超收到各方面的反饋，因此成立「地區事項統籌工作組」，由政務司副司長帶領多個部門聯合行動，並且會組織十八區「地區服務及關愛隊伍」，讓部門與市民義工結合，首要任務是三個月的清潔大行動，改善市容。我期望在這個工作組的協調統籌下，日後不論環境、工程、漏水、僭建、清理垃圾等等，各個部門能通力合作，不要再各家自掃門前雪。

土地房屋供應　須加快抓緊

至於為甚麼要成立「土地房屋供應統籌組」和「公營房屋項目行動工作組」，實在不用多說。

「土地房屋供應統籌組」將由財政司司長帶領，取代以往的「土地供應督導委員會」，制訂未來十年可供發展土地（「熟地」）的供應預測，持續檢視各個造地項目的進展，並精簡程序，以更好地釋放土地的發展潛力，亦將督導和監察公私營房屋的供應量及供應速度；「公營房屋項目行動工作組」則由財政司副司長負責，將會督導各個公營房屋興建項目，探討各項加快建造及入伙的措施。

我期望這兩個工作組能以結果為目標，加快抓緊工作，盡快增加土地和房屋的供應，讓更多市民能安居樂業。

特首政策組　廣邀專家拓聯繫

上屆政府的缺失之一，就是取消了「中央政策組」，因此缺少了研究政策的「大腦」、缺少了和學者的聯繫、缺少了掌握民情的渠道。來到李家超這一屆，很明顯他認同政策研究及掌握民情的重要性，因此將設「特首政策組」，定位為「這是一個宏觀性的政策、決策，或者幫我決策的一個單位」、協助他深入了解「民情、民意，香港不同界別人士的需要」，我非常認同。

不過，要讓「特首政策組」有效發揮功能，成員構成十分重要，我期望李家超廣邀政府以外、專攻不同範疇的專家、學者、研究員加入，如此才能拓闊特區政府的對外聯繫，提升政策思維，以更準確地掌握民情，讓推出的政策更加貼地。

最後，我對於李家超用「十五個仔仔女女」來形容十五個政策局印象深刻，因為這是歷任行政長官所沒有的。他以這個說法來形容行政長官與官員的關係，比喻特區政府是個大家庭，不搞「馬房」、不偏心，彼此的關係比團隊更深一層；換句話說，他自己要擔起照顧者的責任，這又比自命領導者、命令者要肩負更多，也更人性化，官員及市民聽到這些話親切又順耳，不會反感。這點我覺得十分驚喜，也期待各個政策局陸續有所表現，實現李家超所說的「他們都能獨當一面、展翅高飛、各司其職」！

二〇二二年七月十三日《香港經濟日報》〈評論〉

特區政府三大人才來源

新一任行政長官李家超上任二十多天，其管治班子逐漸成形，除了已在二〇二二年七月一日宣誓的六位正副司長及十五位政策局局長外，近日特區政府陸續公佈大部份副局長及政治助理的人選。從目前已公佈的名單看來，特區政府的政治人才來源至少有三方面。

問責制吸納政府以外專才

回首當年，在首任行政長官董建華推出「主要官員問責制度」之前，政府的主要官員全部是政務官，直至他在二〇〇〇年《施政報告》首次提出問責制，並且於二〇〇二年正式實施，便開始引進政府以外的專才，例如梁錦松、廖秀冬、周一嶽、李國章及楊永強等等，這些專才都是業界翹楚，這是開拓人才來源的第一步。

二〇〇七年，時任行政長官曾蔭權發表《進一步發展政治委任制度報告書》，建議擴大問責制，設立副局長及局長政治助理，並於二〇〇八年正式推行，職位一下子增多，特區政府對外來人才的需求增加，這是開拓人才來源的第二步。加上往後梁振英及林鄭月娥兩屆政府的班子，除了業界專才和學者，例如楊偉雄、張炳良、陳茂波、黃錦星、蔡若蓮，也吸納有政黨背景的人士或議員，例如蘇錦樑、劉江華、羅致光。

此外，政治助理的主要工作是協助局長做好政治聯繫，包括與政黨及立法會議員聯絡、游說及拉票等工作，對於政策知識的專業要求不高，讓資歷較淺的青年人也有機會加入政府歷練。

政府內部拔尖

來到今屆的李家超政府，我們看看正副司局長及政助的名單，不難看出特區政府的人才來源分佈。

首先是拔尖，即是從政府內部的公務員團隊中精挑優秀人才，擢升局長或副局長，這些人才可以是政務官，也可以是專業職系或紀律部隊，他們的優點是有豐富的公共行政經驗，熟悉政府運作，了解不同政策的發展，可保障政策的延續性。例如發展局局長甯漢豪和公務員事務局局長楊何蓓茵都是十分資深的政務官，在上屆政府出任常任秘書長；勞工及福利局局長孫玉菡、房屋局局長何永賢則本身是勞工處處長及建築署署長；運輸及物流局局長林世雄則曾出任土木工程拓展署署長及發展局常秘；環境及生態局局長謝展寰更是自八十年代加入前環境保護署任職環境保護主任，逐步晉升至局長。

剛公佈的副局長名單亦有廖振新、卓孝業、戴尚誠及劉震等多位公務員。這些正副局長都是政府內部的優秀人才，願意擔任問責官員，繼續為市民服務，是有承擔的表現。

從外吸納議員

第二個人才來源是政黨及議會。律政司副司長張國鈞、民政及青年事務局局長麥美娟兩位均是資深立法會議員，他們有多年群眾工作經驗，對民生事務有敏鋭觸覺，非常了解市民的想法，換句話説是非常貼地。張國鈞本身是律師，其法律背景非常適合律政司的工作。剛公佈的政助名單亦有傅曉琳和蕭嘉怡兩位前區議員，這些具備地區工作經驗的人選能協助特區政府掌握市民的想法。

擢升政治助理

第三是擢升政治助理。除了今屆有張曼莉及施俊輝由政助升為副局長，過往也有陳岳鵬、陳百里及徐英偉等例子。

回歸前，是由資深政務官擔當類似副局長的工作，俗稱「大寶」，首長級D4級官員屬Senior Deputy，D3級的則屬Junior Deputy。概念上，我不認為副局單純是政助的直升位，但是時移世易，我們亦不能以當日「大寶」的標準來要求今天的副局長或政助，而從名單看來，特區政府把年輕政助看成值得培育的對象，他們在政策局浸淫一兩屆，累積經驗、擴闊視野，適當時候便有機會更上一層樓。

政府編制膨脹屬全球現象

政府管治班子或編制不斷膨脹屬全球現象。猶記得一九九四年，我代表香港到東京，出席日本加盟「經濟合作暨發展組織」（Organization for Economic Cooperation and Development, OECD）三十週年與非成員經濟體的特別對話。當時他們的外務省只有一位外務大臣，是國會議員。時至今日，日本政府的編制也不斷發展，例如外務省便設有兩位外務副大臣、三位外務大臣政務官、一位外務事務次官等等。皇太子妃雅子的父親小和田恒，一九五五年進入外務省後，於一九八九年晉升為外務事務次官，一九九一年至一九九三年間出任外務副大臣。其他省的情況也一樣，歷年來編制擴大，以擴大人才庫。

英國政府也一樣，為了讓人才向上流動，設置了很多細部門，開設很多Junior Minister的職位，我印象最深刻的是二〇〇六年開設的The Department for Levelling Up, Housing and Communities，於是有Secretary of State for Levelling Up, Housing and Communities，目前由保守黨的祈國光（Gregory David Clark）出任。

應加強吸納不同類型人才

雖然目前李家超的班子並未百分百齊人，尚餘少量空缺，相信稍後會有公佈。我期望除了上述討論的人才來源，未來特區政府應吸納更多不同類型的人才，把他們配置在適當的崗位，以提升特區政府的管治水平及整體工作表現。

二〇二二年七月二十五日《經濟通》〈葉劉的地球儀〉

第二次前廳交流會談了甚麼

行政長官李家超上任後的新猷之一前廳交流會，二〇二二年八月十七日順利舉行了第二次。記得第一次前廳交流會（七月十三日）是由李家超親自帶隊及主導，在立法會前廳和議員分組交流；這次則是由政務司司長陳國基帶領轄下副政務司司長卓永興及九位政策局局長來前廳，出席的議員有八十多位，當然我也有參加。

新清潔大隊長簡介工作進度

當天交流會分為兩個部份，第一部份由副司長卓永興介紹他負責的「政府打擊衛生黑點計劃」，這位新任清潔大隊長說，整個計劃有三大重點方向，第一是打擊六百個衛生黑點，針對性地改善環境衛生，例如處理後巷堆積如山的棄置垃圾、棄置電單車，又例如會採用新的方法捉老鼠等等。卓永興說這六百個衛生黑點並非巨細無遺，今後會持續聽取民政事務專員（District Officer）及地區組織的意見，細化工作。

第二個重點方向是加強宣傳教育，認為改善環境衛生人人有責。卓永興舉了日本作例子，指出日本街上沒有大量垃圾箱，國民都會自行處理自家垃圾。他希望我們也能從教育開始，讓小朋友從小養成良好習慣，不會亂丟垃圾，我自然十分認同。

卓永興亦說第三個方向是加大執法力度、加強罰則，例如目前亂拋垃圾的定額罰款是一千五百元，罰款有沒有上調的空間？又例如有些店鋪或貨車把貨物放在街上構成阻街，但是阻街罰款只是五千元，阻嚇力不足，特區政府將審視相關條例，看看是否可加強罰則。

我們做地區工作的都知道，環境衛生對優質社區生活是如何重要，政黨的社區發展主任平日處理這些投訴也不少。早前便有長洲居民向我投訴很多人因為趕船而隨意把單車棄在碼頭，要求實施單車登記實名制，不過卓副司長和我均認為實行起來相當複雜，例如家長會送單車給子女做禮物，實名制要深入到哪個程度？實施時會否擾民？這些都需要深入研究。但是無論如何，我希望特區政府持之以恆，官員繼續落區，親身了解社區實況，才能真正改善環境衛生，提高市民的生活質素。

向盧寵茂局長反映抗疫問題

前廳交流會的第二個部份是分組討論，九位局長分別加入不同的小組，我那組的主角是醫務衛生局局長盧寵茂教授，議員提出的問題自然是抗疫攸關。

首先，很多海外來港人士表示希望一旦確診，能於檢疫酒店原址隔離，而不用遷移到竹篙灣或其他社區隔離設施。盧局長表示認同原址隔離是最方便穩妥的，也可減低傳播風險，但是目前酒店方不願意這樣做，認為留下確診住客會增加酒店人員的感染風險，個別住客突然增加留宿天數也會打亂酒店的訂房安排云云。

我則認為上述兩個問題也是可以處理的，主要是客人在確診後繼續留在原本的房間內隔離，不可離房，酒店人員把餐點及物資放在房間外，人員不會進入房間，不和確診客人接觸，理論上不會增加感染風險。還有，目前檢疫酒店未必每天都超額爆滿，而海外來港人士在檢疫期間陽性的機率非常低，即是要延長住宿的個案非常少，對酒店整體訂房安排的影響微乎其微。特區政府宜與酒店業界加強溝通，盡快說服他們更新安排。

此外，盧局長在交流會上讚揚外傭，因為外傭在入境檢疫期間的確診率只有百分之一，反映她們在來港前有謹慎防疫；反之，來自歐美的人士在檢疫期間的確診率高達百分之八，反映歐美在抗疫路上已完全躺平。

關注現場音樂表演者的困境

第二，我要求盧局長關注現場音樂表演者的失業及補助問題。自從第五波爆發以來，這些唱歌的、吹奏樂器的、伴奏的表演者已經失業八個月，幸而盧局長表示沒有忘記他們，亦有和業界代表接觸，已了解他們的情況，我希望特區政府往後的抗疫措施及補助，不會再遺忘他們。

旅遊業界反對公海遊熔斷機制

第三，旅遊界議員姚柏良表達業界反對公海遊熔斷機制，認為熔斷機制影響郵輪公司回歸香港市場的決定，要求放寬郵輪旅遊檢疫限制，以重振郵輪旅遊業。有報道指皇家加勒比遊輪（Royal Caribbean）正計劃重返香港市場，期望早日成事。

不過，郵輪染疫早有先例，我認為若郵輪上有人確診，整艘郵輪停運三天並不為過，至少要全船徹底消毒清潔，以及調查感染源頭。郵輪公司有責任確保船上乘客及員工健康安全，相關要求並不為過。

期待下回財政司司長掛帥

除了我身處盧局長的一組，得悉其他小組的交流亦十分和諧順利，議員能就自己關注的議題向相關局長直接提出意見，有助局長了解民情，推出真正有效的政策。

下回即第三次的前廳交流會，估計將由財政司司長陳茂波掛帥，聯同轄下房屋局、發展局、創新科技及工業局等六個政策局的局長來和議員交流。未知屆時將以甚麼議題為主，北部都會區的發展？土地房屋的供應進度？抑或金融科技的未來發展？相信這些都是議員和市民感興趣的題目，大家就拭目以待吧。

二〇二二年八月二十二日《經濟通》〈葉劉的地球儀〉

以新思維定策　吸納世界人才落戶

移民潮、香港人才外流等問題，成為傳媒熱議的題目。根據政府統計處於二〇二二年八月十一日公佈的資料，二〇二二年年中香港人口臨時數字為七百二十九萬一千六百人，較二〇二一年年中減少十二萬一千五百人，下降百分之一點六，淨移出人數為九萬五千人；而八月三十一日發表的《綜合住戶統計調查按季統計報告》（二〇二二年第二季）則指出，香港二〇二二年第二季的勞動人口（不包括外籍家庭傭工）有三百四十三萬一千人，比第一季的三百四十八萬三千九百人，少了五萬二千九百人。

離開香港的人口，包括移民到其他國家及地區的港人，特別是年輕的香港家庭，也包括本來在香港工作的外籍專業人士，例如法律界、金融界的高端人才，他們大多受不了疫情下香港嚴格的出入境限制及隔離要求而離開。

面對人才流失的問題，行政長官李家超多次強調，將會在十月公佈的《施政報告》中推出「搶人才」措施，而相對於香港，世界各地政府已紛紛推出極具吸引力的政策，務求爭奪全球人才。

全球人才爭奪戰　日趨熾熱

近期最矚目的，莫過於新加坡的「海外網絡和專業簽證」（Overseas Networks and Expertise Pass, ONE Pass）計劃，旨在全方位吸引全球的商務、藝術、文化、運動、科技以及學術界的高收入頂尖人才，反映新加坡政府的積極性。

加拿大亦早於二〇一七年已推出「全球人才計劃」（Global Talent Stream），顧名思義就是吸引全球人才為加拿大的企業效力，屬政府環球技能策略（Global Skill Strategy）一部份，以吸納科技精英為主；後來，加拿大再於二〇二一年推出專門吸引香港青年人的「救生艇計劃」（Open Work Permit），對象為大學及大專畢業生，特區護照或BNO持有人均可申請，獲批者將有三年開放式工作簽證，為申請讀書移民或工作移民鋪路，據報已有六千多名港人申請。

英國更是公然違反《中英聯合聲明》的英方備忘錄，於二〇二一年推出BNO「五加一」移民新路徑（a bespoke immigration route），容許BNO持有人申請有效五年的英國簽證，住滿五年後可申請長期居留，住滿第六年可以登記成為英國公民，獲得居留權；後來英國政府進一步放寬計劃，容許BNO持有人的子女（本身沒有BNO資格）獨立申請。根據英方公佈的統計，至今已批出十三萬多份申請。

此外，美國、德國、芬蘭，以至泰國、阿聯酋亦已先後推出吸引海外人才的計劃，列國這樣積極進取，香港則因為過去的歷史因素，輸入人才計劃顯得呆板、被動。

香港以往無主動招才　須加把勁

第一個歷史因素是過去香港經濟暢旺，各行各業發展蓬勃，正所謂「皇帝女唔憂嫁」，不單不會主動延攬海外人才，人口政策更是以避免人口膨脹為目標，回歸前則最擔心非法入境者湧入，所以一直以來都是由入境事務處負責輸入人才計劃，目標是「把關」，而非推廣或招攬。

以往香港對於輸入或補充人力、人才，分為兩大類。第一類是低技術勞工，勞工處設有「補充勞工計劃」，容許僱主申請輸入外勞，而為了保障本地勞工，「補充勞工計劃」由勞工顧問委員會把關，並非任何行業或工種的勞工均可輸入。

第二類是指海外專業人士、優才專才。入境處設有幾個海外人士來港工作計劃，包括「一般就業政策」（適用於海外專業人士，內地人除外）、「非本地畢業生留港／回港就業安排」、「輸入中國籍香港永久性居民第二代計劃」，以及二〇一八年始推出的「科技人才入境計劃」等等，但是申請過程並不容易，以「一般就業政策」為例，首先需要僱主證明該職位空缺長期請不到人，例如已連續刊登聘請廣告幾個月，但仍請不到合適的本地人等等，海外申請人也要「有工在手」才有機會獲批，這與列國搶人「快、狠、準」的最新標準背道而馳。

而因為黑暴、疫情的影響，上述計劃的申請及獲批人數，已由二〇一九年的高峰大幅下跌，例如「一般就業政策」的申請人數由二〇一九年的四萬五千二百八十八人，銳減至二〇二一年的七千五百三十九人，獲批人數亦由二〇一九年的四萬一千二百八十九人跌至二〇二一年的六千四百七十一人；二〇二一年的「科技人才入境計劃」更只有三十八人申請，三十六人獲批，數字之低叫人咋舌。若香港再不加把勁，海外人才都落戶其他地方了。

納內地專才　三大突破舉措

第二個歷史因素，則是為了避免過多內地人口湧港，入境處一直嚴格把關，以單程證及雙程證制度，嚴控內地人士來港數目。雙程證人士可以探親、商務、旅遊，單程證人士則主要是家庭團聚來港定居，因此過去並沒有推出吸引內地專才優才來港工作的政策。

直至回歸後，特區政府先後做了兩次人口政策研究，兩次均是由時任政務司司長（曾蔭權、林鄭月娥）負責。曾蔭權於二〇〇三年二月二十六日發表《人口政策專責小組報告書》，明確指出香港要克服經濟轉型的挑戰，增強競爭力，不能單靠本地人才，他更首次提出吸納內地專才優才，當時報告書提出三大突破舉措：

一、放寬吸納內地專才優才的安排（包括商務、藝術或體育等不同範疇人才），吸引內地商人來港開辦業務；

二、吸引投資移民，投資的最低金額是港幣六百五十萬元；

三、根據《僱員再培訓條例》，徵收外傭税。

放棄舊概念　疫後搶人才

特區政府就是從那時候開始，意識到吸納內地人才的重要性，並隨即於二〇〇三年七月十五日實施「輸入內地人才計劃」，二〇一九年有一萬四千零五十三位內地專才獲批來港，但是在二〇二一年跌至只有五千三百五十四人獲批。另一個頗受內地人才歡迎的計劃，是二〇〇六年實施的「優秀人才入境計劃」，旨在吸引內地或海外高技術優才，並且沒有行業限制，每年配額由當初的一千人增加至如今的四千人，累計大部份獲批優才為內地人。

時至今日，國際局勢、香港的社會環境已全然不同，世界各國已把眼光放在疫後發展，爭奪人才勢屬必然，當中高科技高端人才最為吃香，在這關鍵時刻，特區政府需要放棄過去的概念，以全新的思維理解人才的定義及需要，才能制訂具前瞻性、具競爭力的政策，吸納世界人才來港發展。

二〇二二年九月十三日《香港經濟日報》〈評論〉

打破行業屏障　應對疫後人才荒

香港自二〇二三年一月八日起與內地全面通關，市面漸歸熱鬧，加上自三月一日起撤銷口罩令這最後一道防疫措施，標誌着社會全面復常，街道上人氣滿滿，內地和海外旅客重臨，市道生氣勃勃。

不過，在這個復甦初階段，很多行業卻訴説人手不足，有工無人做，例如疫情期間生意近零的旅遊業，大部份領隊、導遊經已轉行，現在即使旅行團重臨，一時三刻卻沒有那麼多領隊、導遊歸隊。根據政府統計處二〇二二年的數據，金融及保險類職位空缺有六千五百八十四個，職位空缺率為百分之二點八；運輸、倉庫、郵政及速遞服務類職位空缺有七千五百二十四個，職位空缺率達百分之四點四；教育界更甚，職位空缺有七千九百零五個，職位空缺率有百分之三點七。除了這些，我們也經常聽到建築業、科技界，以至酒店業、飲食業申訴人手短缺，最近八十四歲高齡的士司機交通意外，也引爆職業司機不足的問題，一時間，彷彿從高端行業到勞動工種都缺人。

疫下工作模式變　不願重回全職

我認為，人手流失至少有幾個原因，其中之一是移民。行政長官李家超在其任內首份《施政報告》（二〇二二年度）中提及，「過去兩年，本地勞動人口流失約十四萬人」（第二十九段），而根據政府統計處二〇二二年的數據，三十九歲或以下的勞動人口流失了約百分之八，大約是十二萬人。這個年齡層的人很多是中產，他們有些因為子女教育理由，趁着列國降低移民門檻，便帶着子女移民升學，也有是憧憬外國的居住環境而移居海外。

另一個原因是三年疫情，把大家的生活和工作模式改變了。過去我們過着日出而作、日入而息的傳統全職生活，疫情卻讓我們長期在家工作，互聯網更便利遙距工作，漸漸地，有些人不願意重回全日全職的工作模式，他們寧願做兼職、做自由業者，追求時間較靈活的生活。

投身抗疫行業　重投原崗位需時

第三，也是因為疫情，很多行業飽受重創，很多人失去原來的飯碗後，轉而投身抗疫行業，例如隔離檢疫中心、核酸檢測中心、送藥送物資等等，這些工作可保障一定收入；現在隨着社會復常，這些工種會慢慢消失，但是這批人未必會立即重投原本的工作崗位，有人選擇放假休息，也有人選擇退休，例如很多導遊和領隊便是這種情況，不過我相信這只是過渡期，過一段時間後，人手會慢慢回歸。

還有一個原因，有不少僱主告訴我，他們旗下的年輕員工不願升職、不想加薪，因為申請公屋的入息門檻太低（一人家庭一萬二千九百四十元），只要他們稍為進取，都有可能因為人工過高而申請不到公屋，因此他們寧願停留在低薪層；也有些轉而做散工，直至上樓。

說到這裏，特區政府也應動動腦筋，檢討申請公屋的入息門檻，思考有甚麼方法，既能鼓勵青年人積極工作，又能獲得政府的補貼，繼續申請公屋。

了解空缺特性　針對性輸入外勞

要補充流失了的人手，我認為特區政府應對症下藥，深入了解不同行業的職位空缺特性，提升行業吸引力，同時要大力破除行業保護屏障，針對性地輸入外勞。

就以醫護為例，近年醫護流失率都偏高，截至二〇二二年十二月，醫管局的醫生流失率有百分之七點七，護士流失率更高達百分之十一，當中包括退休、移民，也有轉往私營醫院任職。

為了紓緩公立醫院醫生荒的問題，立法會於二〇二一年通過修訂《醫生註冊條例》，放寬引入非本地培訓醫生以特別註冊的方式來港執業，便是好的開始。雖然疫情期間未有大量海外醫生透過這個計劃來港，但我相信疫情過後，情況會好轉。

動之以情　游說港人醫生「回家」

醫務衞生局局長盧寵茂宣佈，醫管局行政總裁高拔陞將率團前往英國，招募醫生來港，屆時將會透過聚會接觸醫科生，遇上合適人選會即場取錄。我認為想法勇氣可嘉，成效有待考察，皆因港人若已在當地落地生根，便很難説服他們來港。曾有專家告訴我，其實能吸引港人醫生回流的，不是薪金條件，而是「親情」、「家庭」，當局大可循這個方向游説，令他們明白，回港便是回家，可與在港家人團聚、一起生活，是美好的事情。

同樣道理，特區政府計劃向立法會提交《護士註冊（修訂）條例草案》，將來以有限度註冊、特別註冊及暫時註冊方式，引入非本地培訓護士。我十分認同，例如馬來西亞護士便很適合來港工作，馬來西亞多華人，他們諳英語、懂粵語，而且馬來西亞實行普通法，培訓系統亦與香港相似，加上馬來西亞的發展前景未及香港，我相信香港對他們有吸引力，若在當地加強招募，定有成效。

最後，我當然支持特區政府的「搶人才」計劃，期望勞工及福利局局長孫玉菡加大力度，宣傳「高端人才通行證計劃」以及其他輸入人才計劃，吸引更多專才優才來港。

二〇二二年九月十三日《香港經濟日報》〈評論〉

推動職專教育的障礙

二〇二二年五月二十五日的立法會會議上，林振昇議員提出了《推動職業教育發展，培養人才構建多元出路》議員議案。十一名提出修正案的議員認為特區政府如要推廣職業專才教育（職專教育），必須重新審視職業教育、應用教育及僱員再培訓的政策和內容。生涯規劃、產業融合及如何促進校企合作亦是特區政府需檢視的重要範疇。

其中，我對兩位議員的發言印象尤為深刻。易志明議員指出，很多行業在聘請合適職業技能人才時遇到困難。汽車、船舶及飛機維修、冷氣及升降機維修等技工職位於招聘時都鮮有迴響，因為很多同學不願入讀職業訓練局（VTC）及其他機構設立的職業訓練課程。陳健波議員則指出，現時同學不重視職業教育的原因很大程度是受家長影響，因為主流意見認為升讀大學是同學向上流動的唯一路徑，而使這種觀念成為社會主流的始作俑者正正是特區政府推行的新高中學制。

新高中學制使升學途徑單一化

教育統籌委員會（教統會）於二〇〇〇年發表《終身學習．全人發展：香港教育制度改革建議》，包括將中學學制由以往的「五年中學兩年預科」改為現在的「三三四」學制。過往，如同學的興趣或能力不適合就讀大學，同學可於完成中五課程後就讀工業專門學院（工專）、理工學院或VTC等職業教育機構以習一技傍身。成績好或有志向升讀大學的同學則報讀預科。但「三三四」學制給予同學如不入讀大學，就沒有其他教育機會的錯覺，令大部份同學均以升讀大學為目標，入不到大學就覺得很失敗，進一步加重家長及同學的心理壓力。

由此可見，「三三四」學制令同學向上流動的途徑變得單一化，與教統會最初在推出新學制時，所提出「建構多元化、多途徑的高中教育體系」的理念背道而馳，並對推廣職專教育帶來長遠且消極的影響。

應用學習課程乏人問津

在目前的教育制度下，一般同學都不會把職專教育視作升學的主流選項，我認為間接是由特區政府「講一套做一套」的態度所致。在五月二十五日的立法會大會上，時任教育局局長楊潤雄就《推動職業教育發展，培養人才構建多元出路》議案作回應時提到會聚焦四大範疇推動職專教育的發展。

楊局長強調會加強在中學推廣職專教育，可是教育局在這方面的工作乏善可陳。例如二〇二一／二〇二二學年的應用學習課程（Applied Learning）總共有四十一科那麼多，報讀人數卻是寥寥無幾。根據考評局發佈的《二〇二二年香港中學文憑試報考統計資料》，二〇二二年度香港中學文憑試的總報考人數為五萬零六十四人，而乙類應用科目的報考人數只有三千五百四十五人，只佔總報考人數的百分之七點零八。

若仔細閱讀相關資料，不難發現課程設計的不合理間接造成應用學習課程報名人數偏低的現象。按照《統計資料》，二〇二二年度文憑試乙類科目的每科平均報考人數為八十八人，其中有七科的報考人數居然少於二十人！舉例來說，二〇二二年度「建構智慧城市科」有十九人報考、「展示及首飾設計科」有十八人、「商業數據應用科」只有九人，「創意廣告科」更是無人報考！

據了解，有些應用科目是需要去職業訓練局轄下的院校上課的，須知道絕大多數高中生只是十五六歲的青年人，他們總體尚處於社會化（socialization）的過程當中，普遍缺乏於特定專業範疇的工作經驗。試問他們怎能在缺少基礎技能的前提下報讀這些應用科目？而在目前的文憑試制度下，同學報讀了應用科目，同時兼顧「四加二」或「四加三」的主修科和選修科，對能力不高的同學來說可能更難以應付。因此，除非同學對某個行業相關的應用科目非常感興趣，否則難以吸引同學報讀，開設更多科目也是枉然。

自資專上教育急速膨脹產生大量空餘學額

自資專上教育急速膨脹亦是本港推動職專教育的另一大障礙。

特區政府於二〇〇〇年的《施政報告》中提出要於十年內將高等教育普及率提升至百分之六十。特區政府提出該項政策主要有兩項考慮因素。當時受公帑資助院校（公帑院校）每年只提供一萬四千五百個學位，不少高級程度會考及格的同學因學位數量的限制而不能升讀大學，只能望門興嘆。考慮到香港當時正逐漸邁向知識型社會，提高高等教育的普及率亦有助提升香港的各項國際排名，特區政府當時的決定尚算合理。

特區政府為盡快普及高等教育，選擇鼓勵自資學院發展。教育大學前校長張炳良教授於二〇一八年六月提交的《檢討自資專上教育專責小組檢討報告》中指出，特區政府每年透過批地、貸款、配對補助金等措施協助自資院校發展，已於二〇一五／二〇一六學年將高等教育普及率提升到百分之七十。

雖然特區政府立意良好，該項決定卻衍生出更大的問題：過度膨脹令各自資院校產生大量空餘學額。現時本港提供學士及副學士課程的院校有二十九間、提供七百七十八個全日制專上課程及二百八十五個副學士課程，但個別院校的實際收生人數卻只有寥寥百來人。這些空餘學額使得文憑試成績不理想的同學仍然可以透過銜接課程升讀大學，進一步邊緣化職專教育的選項。

另外，花費大量金錢資助自資院校開設課程亦對本港的人才儲備造成極其負面的影響。以醫學院為例，為調配資源給自資院校，加上當時經濟低迷，大學教育資助委員會於二〇〇一／二〇〇二學年將醫學院學額由一百六十人縮減到一百二十五人。此舉間接造成了今日香港醫生短缺的局面。與此同時，自資院校卻利用政府資助開辦如精品咖啡及咖啡店管理高級文憑等小眾課程，加劇人力資源的錯配。

發展自資專上教育花費大量公帑，不但沒為香港提供足夠的知識型人才，反而造成部份行業人才短缺，可謂「好心做壞事」。特區政府如要推動職專教育發展，改革自資專上教育勢在必行。

二〇二二年六月三日、六日及十二日《明報》〈三言堂〉

生涯規劃教育急需改革

根據香港中文大學於二〇一七年五月發表的調查結果顯示，有相當部份的高中生在生涯抉擇上感到無所適從：百分之二十點七的受訪同學形容他們的生涯規劃情況為「只有一個大致的方向」、百分之十八點九受訪同學知道「對甚麼學科／職業有興趣」，更有百分之十四點七的受訪同學「連一個大致的方向也未有」。該現象反映特區政府推動生涯規劃教育政策的失敗。

教育局於二〇一九年公佈所有公營學校須於二〇二二／二〇二三學年前將現時發放的「生涯規劃津貼」轉為常額教席。雖然我並不反對該項措施，但這終究治標不治本。落實教育政策時，特區政府一貫的態度可謂「用錢唔用心」，甚少了解同學的實際需求。香港青年協會的一份專題研究指出學校所用的生涯規劃策略與同學的期望存在不少落差：現時，學校傾向以生涯規劃講座、升學講座及能力評估來為同學規劃生涯；相反，同學更期望能透過工作實習、遊學體驗及企業參觀等形式來增進對各行各業的了解。

現時，無論校方或同學均較重視中三至中五階段的生涯規劃教育，但事業有成的人往往從小就重視自己的生涯規劃。參考外國的例子，德國教育以其嚴謹的分流系統（tracking system）聞名，同學自小五起就會按照其成績及能力分流到不同的學校（職業學校／綜合學校／預科學校），畢業後再按照其在校表現再進一步為同學規劃生涯。就讀預科學校的同學成績較好，往往繼續升讀大學；就讀職業學校的同學則可申請成為學徒，進一步深造職業技能。

我亦留意到，相對於傳統名校，有些學校在生涯規劃教育上，處於缺乏社交網絡（social network）的劣勢，鮮能邀請到各個行業的精英翹楚到校分享，同學難以及時接觸合適的資訊，使得他們規劃自己的生涯時更加被動。我認為特區政府應調動政府部門內的不同職系、邀請不同行業的翹楚到學校舉辦座談會，令同學有機會了解有用的資訊，及早做好生涯規劃。

二〇二一年六月九日《明報》〈三言堂〉

應對學齡人口下跌　須保障學生享優質教育

香港出生人口不斷下跌，加上近年有不少學童隨父母移民，學齡人口持續下跌是不爭事實。立法會教育事務委員已於二〇二三年三月三十一日的會議討論相關議題，討論文件開宗明義指出，「香港的出生率由二〇一六年起呈現下降趨勢，出生人數於二〇二二年跌至紀錄新低……預計在香港居住的六歲學齡人口，將會由二〇二三年的五萬七千三百名跌至二〇二九年的五萬名」（見「立法會CB(4)220/2023(02)號文件」）；教育局局長蔡若蓮亦於會議中表示，學齡人口下跌是結構性問題，希望以「軟着陸」的方式應對，讓收生不足的學校合併、重置是方法之一，停辦學校也是方向之一。

倘殺校難免　須做好過渡安排

最近便有報道指，長洲有小學小一收生十五人，未達開班線的十六人，因此獲教育局「派發零班」，意味殺校，引起教育界迴響。我認為，在長遠應對學齡人口下跌的問題時，難免要作出痛苦的抉擇，停辦學校是其一；而若停辦已成定局，我認為教育局要做好所有過渡安排，特別是照顧學生及家長的情緒。

至於校長及老師，教育局大可考慮推出「肥雞餐」，讓他們自行選擇是否提早退休，而選擇繼續留在教育界的，教育局要做好人力配置，讓他們轉往其他學校任教，繼續作育英才。

而在這些學校完成歷史任務後，特區政府可以因應需要，調撥相關土地作其他用途，例如興建公共房屋、市政大樓、圖書館或其他公共設施，造福社會大眾。

再縮學生人數　不利整體發展

除了停辦學校，社會上有其他建議，本文逐一討論。

社會上一直有聲音提倡小班教學，這次也有意見認為，教育局應當趁學齡人口下跌這個契機，全面實施小班教學云云。然而，小班教學是一種教學模式，並不是解決學齡人口下跌問題的方法，不能本末倒置；再者，其實目前已有逾八成小學實施小班教學，比率正向九成推進，實施情況相當不俗。

小班教學指二十五人一班，而目前的小學開班線是十六人，已是平衡了資源運用及教學成效的適當比例；若再進一步縮減學生人數，學校規模太細，便會影響學校的社群運作，例如連組織一隊足球隊都「唔夠人」，反而不利學生與學校的整體發展。

寄宿拓內地生源　實施困難多

坊間亦有建議開闢內地生源，例如讓學校改為寄宿學校，吸引內地生來港寄宿就讀。我認為要實施這個方案將困難重重。

誠然，因為以前的社會需要，香港是有寄宿學校的，例如赤柱聖士提反書院、香港仔工業學校等等，但是這些學校都是本身有足夠的土地提供住宿設施，寄宿生可享校園及群體生活，這是全人教育的一部份。

相反，若只是急就章地在學校加建宿位，即是壓縮了學生原有的活動空間；若只是在學校附近租一些簡陋單位作為宿位，這更不是教育的本義。

而且，內地教育在國情教育、中文教育、紀律要求等各方面，均較香港嚴謹，內地教育部門未必會答應讓內地中小學生來港寄宿的要求。

取消叩門位　勢惹家長反彈

此外，有教育界人士建議教育局以行政指令的方式，扣減甚至取消小學的小一「叩門位」，認為這樣便可幫助弱勢學校收生。

我相信這建議會引起家長反彈，眾所周知，「叩門」是家長爭取子女入讀心儀學校的最後機會，有些家長是不入黃河心不死，有些則是因為子女不幸獲派差校或遠校，而謀求轉校，學校也是透過「叩門」這個最後階段來取錄優質學生；而即使沒有「叩門位」，弱勢學校是不是就能留住更多學生？這點值得商榷。

我希望教育局及教育界人士明白，教育的持份者不單是校長和老師，還有家長和學生，在考慮如何應對學齡人口下跌的問題時，不單止是「保學校」和「保教師」，還要保障家長的選擇權，以及學生獲得優質教育的機會。

二〇二三年四月十二日《香港經濟日報》〈評論〉

為香港運動健將喝彩

自二〇一九年年末以來，包括二〇二〇年東京奧運、英格蘭超級足球聯賽（英超）及美國職業籃球聯賽（NBA）等各項體育賽事因新冠疫情影響而陸續停辦，後來才逐漸回復正常。

賽事的停擺對運動員的影響十分巨大。一般而言，職業運動員的收入分為政府資助、獲獎獎金及廣告代言費，其中以獲獎獎金的數額最為豐厚。疫情下眾多比賽停辦，令運動員收入大減。除此以外，運動員因訓練場地停止開放而被迫減少或停止訓練，亦會對運動員身心狀態造成負面影響。但香港運動員表現卻沒有因此受影響，在多個國際賽事屢獲佳績，成為市民茶餘飯後討論的熱話。

女子泳手何詩蓓在東京奧運中歷史性奪下一百米及二百米自由泳銀牌，及後在二〇二一年世界短道游泳錦標賽獲得兩金一銅的成績。人稱「牛下女車神」的李慧詩在日本盃場地單車賽中獲得一金兩銀，當時三十五歲的她理應過了運動員的巔峰期，如此驕人的成績實是她用不斷奮鬥、迎難而上的強大意志力及無比刻苦的訓練所換來。在二〇二二年的亞洲劍擊錦標賽中，香港男子佩劍隊時隔五年再奪銅牌、有「輪椅劍后」之稱的余翠怡輪椅劍擊世界盃華沙站摘銅、劍手張家朗及江旻憓亦分別在劍擊世錦賽男子組及女子組賽事雙雙斬獲銅牌。除了上述運動員外，空手道女將劉慕裳、田徑運動員呂麗瑤、跳遠運動員林銘夫及香港女高爾夫球手陳芷澄在各自的領域都有優秀的表現。

除了新冠疫情的影響，現時香港身處地緣政治動盪之中。西方媒體不斷扭曲事實、意圖抹黑香港，在此逆境，運動員堅持展現香港人不屈不撓的獅子山精神，為香港贏得眾多殊榮，以身作則成就香港故事，實在難得。

過往，運動員作為一種職業在香港並不受重視。受傳統觀念影響，部份人始終秉持着「萬般皆下品，唯有讀書高」的觀念，認為運動員訓練會令子女荒廢學業，故不鼓勵子女成為職業運動員。本地體育新聞平台「體路」於二〇一七年的一篇文章指出，除了家長反對外，不少教師亦會主動向家長提議要學生退出校隊、專心學業。教育大學精英運動員發展主任廖小雯女士於教大網站上發表的一篇網誌提到，她於中學時期曾獲邀加入香港單車青年訓練隊（青訓隊）。當時她每週需抽出六天時間到體育學院受訓，同時亦要抽身參加海內外各項比賽。當教練問她是否有興趣成為全職運動員時，她被迫在學業與興趣之間二選其一，忍痛退出青訓隊。

古語有云「窮文富武」，這句說話放到今日亦然。根據美國《金錢》雜誌（*Money*）二〇一八年的一篇報道的估算，要培養出一名奧運級別的運動員背後所涉及的開支可以達到驚人的六位數字！當中包括聘請教練、租用訓練設施、購買個人裝備以及健康護理的費用。運動員的薪酬除了政府補助外，主要來自奪獎獎金及廣告代言費，但只有極少數表現卓越的明星運動員會被廣告商賞識，獲邀代言產品。

以龐大的財務支出、時間成本、個人身體的健康為代價及與之不相稱的報酬，都是過往鮮有人選擇成為職業運動員的原因。香港運動員能突破種種障礙，在國際舞台上奪得如此佳績，實在令人欽佩，特區政府為推動體育產業發展所作的努力亦不可不提。

二〇二二年八月十一日及十四日《明報》〈三言堂〉

體育產業在香港

社會上有意見認為體育產業所能產生的經濟效益甚微，特區政府不應浪費納稅人的金錢，不應在體育發展上投放過多資源；亦有建議特區政府應將興建啟德體育園的用地改建公屋，但是遭體育界反對而未獲接納。

其實體育產業所產生的經濟效益一點也不小。在歐美擁有龐大體育市場的國家，體育產業每年所產生的利潤都是數以億萬元計。以體育產業最為發達的美國為例，網站「每天資訊」二〇二一年五月的網誌便指出美國的體育產業佔二〇一八年度美國 GDP 的百分之三，即約六千億美元。

如此輝煌的經濟成果，主要依賴當地完善的體育產業鏈。中國《經濟日報》有報道指出，美國體育產業的利潤主要分為四個部份：門票收入、轉播收費、場地租賃及紀念品銷售，其中以門票收入及轉播收費所產生的利潤最高，佔總收入的四成多及三成七。

但是，香港只有七百多萬人，體育產業的發展難與外國比擬。香港現時的體育政策主要沿用特區政府於二〇〇二年提出的「體育普及化、精英化、盛事化」（「三化」）方針。一方面訓練精英運動員，一方面提供運動場所予市民大眾使用、推廣運動，此外亦舉辦各項體育盛事，為本港旅遊業吸引客源。但因各項本地體育聯賽的受眾較少，無法如外國的體育產業賺取大筆門票收入和轉播費用；而廣告商因缺乏適合的商品，運動員亦較少獲得廣告代言的機會。

受以上因素影響，香港體育產業難以像歐美市場般發展。體育界有意見認為特區政府在資源投放方面過度側重精英化及盛事化，卻在普及化方面仍存在不足。

《香港經濟日報》二〇二二年三月十九日的一篇分析認為現時香港缺乏體育設施讓市民使用，未能鼓勵市民將運動培養成習慣。該文指出，按照《香港規劃標準與準則》中有關康樂用途建築物的供應標準，每區每五萬至六萬五千人便需要一個體育中心，每二十萬至二十五萬人便需要一個運動場。現時香港平均每七萬人共享一個體育館，每三十萬人共享一個運動場，情況遠未達《準則》的要求。兼且，為求升學，本地學校及家長均傾向重分數輕體育，使大部份青年人都側重學業及準備考試。

香港運動員近年在各項世界賽事中取得的好成績所帶來的獎勵效應，已為社會營造出良好的運動氣氛，特區政府亦努力改善硬件配套上的不足。自二〇一七年起，特區政府已投放六百億元增加體育設施，完善產業規劃。當中的二百億元用作增加和改善康體設施，以及對增設新設施作可行性研究；向「精英運動員發展基金」注資六十億元，增加對職業運動員在運動、學業雙軌發展上的支援。二〇一九年，特區政府撥款五億元推行「體育盛事配對資助計劃」，望商界能為本地舉辦的體育賽事提供更多援助，推動發展。

綜合而言，特區政府過去二十年所推動的「三化」方針成效良好，既培養出如張家朗、何詩蓓等精英運動員為香港在國際舞台上贏取榮譽，亦提高了香港市民的運動風氣，為社會推廣更為健康的生活方式。啟德體育園預計二〇二三年底完工，希望屆時體育園的落成能進一步推動體育盛事化並促進體育界的多元發展。

二〇二二年八月十七日及二十日《明報》〈三言堂〉

洞悉虐兒問題成因　加快改革步伐

二〇二一年十二月，香港保護兒童會轄下「童樂居」爆出職員集體虐兒醜聞，震撼全港。幼兒是最脆弱的一群，他們沒有自我保護能力，甚至不懂得表達或反抗，理應受到整個社會保護，「童樂居」案件竟有三十五名職員涉案被捕，並控以不同的虐兒罪名，受虐幼兒有四十多名，實在匪夷所思。

案件的最新進展，是一名二十五歲職員承認八項虐兒罪，二〇二二年九月三十日於九龍城裁判法院判處罪成，判監四個月十九個星期，是「童樂居」案件第四名受判被告。判決再度引起社會關注「童樂居」的現況，但我認為更應關注這些虐兒案背後的問題。

「童樂居」事件揭發後，香港保護兒童會迅速委託獨立檢討委員會徹查事件，並於二〇二二年三月宣佈，與「非牟利幼兒教育機構議會」合作，啟動為期九個月的服務重整計劃，致力重組架構、改善教顧模式、重整前線人手當值安排、加強培訓等；另一方面，社會福利署亦成立了「兒童住宿照顧及相關服務檢討委員會」，於九月二十九日發表了第一階段檢討報告，就監管、巡查、人手比例等，提出數十項建議。我認為，兩者都是正確的改革方向，值得鼓勵。

「童樂居」大換班　冀重回正軌

行政會議獲邀視察「童樂居」，行會成員湯家驊、陳健波及我本人均有參加。當日，香港保護兒童會執委會主席夏穆（Robin Hammond）、總幹事周舜宜及守護兒童顧問劉燕玲等一行人，向我們講解「童樂居」的重整進度。

首先是人事改革。猶記得事件揭發之初，主席夏穆在二〇二二年一月二十六日的記者會上，向社會大眾鞠躬致歉，表示他與大家同樣震驚，今後會盡一切努力，重新贏得社會的信任。事件涉及的施虐者及受虐者人數眾多、持續時間長，反映「童樂居」在工作文化、通報、監察、管理上有重重缺失。當時的管理層及前線人員已撤掉，改由「非牟利幼兒教育機構議會」旗下的會員機構，借調三十位經驗豐富的專業管理及幼兒工作員，到「童樂居」協助改革，例如總幹事周舜宜是前政務官，行政管理經驗豐富，負責改革管理；新任院長張美玲亦已於二〇二二年三月中上任。當日亦有人員向我表示，他們是來自懲教署、社會福利署的退休人士，他們都有信心誠意，讓「童樂居」重回正軌。

視察當日，我們參觀了「童樂居」的環境設施、活動空間，亦參觀了零至三歲不同年齡段的幼兒遊樂情況，我也有和小朋友互動，他們都很天真可愛，而且臉色紅潤，相信營養方面沒有問題。

特殊幼兒多　經濟差難尋領養家庭

目前「童樂居」最多可容納一百零二位幼兒，當中不少有特殊教育需要（special educational needs, SEN）。我問相關職員怎樣識別幼兒有特殊教育需要？他們説初步可以觀察幼兒的反應或表情，例如你拿着感光器揮動，但是幼兒的目光不會追隨感光器而動，眼神不集中等；或者對外物碰觸（例如羽毛）沒有反應，那可能是觸感有問題。相比一般幼兒，這些兒童更需要耐心照顧。

更深層次的問題是，為甚麼「童樂居」會接收那麼多有特殊教育需要的幼兒？「童樂居」主要接收由法庭轉介的幼兒，即幼兒的父母或有官司在身，或本身有吸毒、濫藥等問題，而不適合照顧幼兒，幼兒的母親可能在懷孕期間已有吸毒、濫藥習慣，引致嬰兒出生時已先天不足，甚至殘障；換句話説，幼兒的父母或家庭是問題根源。

「童樂居」容許幼兒的父母前來探望，但是工作人員說，有來探望子女的父母少之又少，情況非常不堪，亦反映這些幼兒從出生開始就缺乏愛，可能會「難湊」一點；加上香港居住環境擠迫，過去幾年經濟惡劣，難以找到領養或寄養家庭。但是無論如何，不論基於甚麼理由，照顧者都不能粗暴對待、虐待他們，這是不能接受的，施虐者應該嚴懲，承擔刑責。

改善工作制度　人心更重要

此外，有報道指「童樂居」在過去幾年的流失率高，人手不足，大部份幼兒工作員的經驗不足三年，照顧質素每況愈下；員工需要長時間工作，壓力過大，衍生問題，員工之間互相影響甚至包庇，使虐待行為繼續下去，因此前線人手規劃也是「童樂居」的改革重點。社福界一向人手不足，有經驗的大多選擇薪酬待遇較佳的機構，再加上特區政府大力資助幼師薪酬，很多持同等學歷的也轉行當幼師，像「童樂居」這類要長時間工作、要留宿的院舍，自然「難請人」。

如今「童樂居」已聘請新一批幼兒工作員，持高級文憑學歷，月薪二萬多；「童樂居」亦重新規劃工作安排，日間照顧的人手比例已由原來的一比七，提升至一比五，工作模式也改為固定輪更制，讓員工有穩定的工作時間；員工分組工作，每組固定照顧同一批四名幼兒，從而建立穩定互信的關係。我十分認同這個模式，不過制度以外，人心更重要，要聘請真正有愛心、真心愛護小朋友的人員，今後幼兒才能得到適切照料。

強制舉報虐兒機制　立法不容緩

很遺憾的是，「童樂居」虐兒案並非單一事件，「保良局嬰兒組留宿幼兒中心」亦揭發虐兒醜聞，有兩名職員被捕，涉及六名一至三歲的受虐幼兒；執筆之時，亦爆出大埔特殊學校匡智松嶺第二校涉嫌長期不恰當對待學童，這些案件反映特區政府在保護兒童方面的政策仍有漏洞，改革步伐亦太慢，機構資源、人手不足，前線人員愛心不足更是主因！特區政府應該加快改革步伐，不論是制度、資源、監管、巡查、培訓也要加強。

除了機構虐兒，家庭虐兒慘劇亦時有發生，比「童樂居」等醜聞更叫人揪心！特區政府要深刻理解這些慘案背後的問題，例如經濟及居住環境、生活及工作壓力、父母吸毒濫藥等等；行政長官李家超說要盡快完成強制舉報虐兒機制的諮詢及立法工作，也實在刻不容緩。

二〇二二年十月四日《香港經濟日報》〈評論〉

提倡雪卵津貼五萬成焦點

行政長官李家超將於二〇二二年十月十九日公佈上任後第一份《施政報告》，不同政黨政團分別提出建議，新民黨也不例外，我們在九月十五日向他提交了長達二十五頁的《施政報告》建議書，詳細臚列圍繞十大政策範疇的數十項建議，其中「葉劉倡雪卵津貼五萬」成了焦點，惹起網上熱議。我收到很多正面迴響，有已雪藏卵子的外籍女士來電郵表示支持建議，我落區時也有青年人說希望我能成功爭取。

香港邁向老齡化與低生育

我提出這建議，是因為香港正邁向老齡化與低生育的社會。一方面，目前香港男性和女性的平均壽命分別達到八十二點九歲及八十八歲，屬全球最長壽地區。根據世界衛生組織的定義，香港在二〇二二年後會步入「超老齡化」社會（Super Aged Society），推算香港在二〇三三年將有百分之三十的人口為六十五歲以上，屆時一位青年人需要照顧多名長者。

另一方面，香港亦是全球生育率最低的地區。根據聯合國及經濟合作暨發展組織的統計，香港的平均生育率為零點七五，低於新加坡的一點零二及日本的一點三，更遠低於二點三二的全球平均水平。再加上移民潮等等，政府統計處於八月十一日公佈香港最新人口（二〇二二年年中）為七百二十九萬一千六百人，較去年同期下降百分之一點六。特區政府必須正視人口結構轉變的問題，盡快調整人口政策，短期可透過優惠政策吸納外來人口，長期要鼓勵生育，補充人口，為未來的高齡化社會做好準備。

青年人拼事業延遲生育

事實上，很多香港女性（男性也是）在年輕時為事業為經濟拼搏而錯過理想的結婚及生育期，待他們想生育時，身體狀況可能已不在最佳狀態，輔助生殖科技治療（包括冷藏卵子精子、人工授精、體外受精及冷藏胚胎移植等）一直有其需求。

特區政府於二〇〇〇年通過《人類生殖科技條例》（Human Reproductive Technology Ordinance），於二〇〇一年設立人類生殖科技管理局（Council on Human Reproductive

Technology），透過《人類生殖科技（牌照）規例》（Human Reproductive Technology（Licensing）Regulation）、《生殖科技及胚胎研究實務守則》（Code of Practice on Reproductive Technology and Embryo Research）等對業界作出規管。

私營冷藏卵子精子服務十分昂貴

目前香港的公營醫院及私營市場有提供輔助生殖科技治療，不過公營醫院輪候時間極長，私營機構則收費高昂，動輒花費數萬，還未必「一次成功」，一般市民未必能夠負擔。有見及此，為了讓市民有更多選擇，我建議特區政府向採用冷藏卵子精子服務的人士提供五萬元津貼，讓他們可在年輕、身體情況較佳時，及早冷藏卵子精子，也讓他們在工作、婚姻、生育之間可有更靈活的安排。

美國女性延遲生育

說到女性延遲生育的問題，其實也不是香港獨有，《彭博商業週刊》（*Bloomberg*

Businessweek）在二〇二二年九月號便有一篇題為 Who Needs Kids? 的文章，探討這個社會現狀。文章說在美國，因為工作、收入、家庭生活成本及生活方式改變等因素，愈來愈多女性延遲生育或者不生育。特別是收入方面，文章引述 Federal Reserve Bank of St. Louis 的研究，指出在二〇一九年，沒子女的美國單身女性的平均年收入為六萬五千美元，比沒子女的單身男性所賺的五萬七千美元還要多。而 Century Foundation 則有另一項研究指出美國女性成為母親後會承受「懲罰」（motherhood penalty），估計損失年收入的百分之十五，而黑人及拉丁裔母親所承受的「懲罰」可能會更多。

文章以一位叫 Ashley Marrero 的美國白種女性為例，Marrero 四十三歲，二〇〇八年離婚，沒子女。她對工作充滿熱誠，現在享受單身、沒子女、收入豐厚而自由自在的生活方式，喜歡和朋友旅遊；與此同時，Marrero 早於二〇一八年已冷藏了卵子，以留給自己多一個選擇。

像 Marrero 的美國白種女性愈來愈多，有可能影響美國的生育率。文章引述美國普查局（U.S. Census Bureau）的分析直指美國生育率在過去三十年持續下跌，指在一九九〇年每一千位美國女性（十五至四十四歲）生育七十一名嬰兒，但是在二〇一九年則跌至只生育了五十八名嬰兒。不過我懷疑上述數據純粹是指白種女性，因為美國的黑人及拉丁裔女性仍然熱衷生育，而根據聯合國的數據，美國的生育率持續高企，達一點六六，比香港的零點七五高得多！

推動產業加強監管

回說香港，我提出向採用冷藏卵子精子服務的人士提供五萬元津貼的建議，拋磚引玉，引起社會討論，期望行政長官積極考慮。而在落實津貼的同時，特區政府應全面檢視社會需求、行業現況，亦需要更新相關的規例、守則，進一步監管及規範機構的營運模式、技術流程、安全標準、採用條件，以至冷藏期限等等，這樣既可推動產業發展，有利經濟，也可與時並進，推動有需要的市民做好家庭計劃，長遠有利香港整體人口發展。

二〇二二年九月二十六日《經濟通》〈葉劉的地球儀〉

李家超《施政報告》的突破

二〇二二年十月十九日，行政長官李家超宣讀了他上任後首份《施政報告》。這份綠色封面的《施政報告》足有七十九頁，李家超讀了兩個多小時，可見內容豐富，涉獵範疇多，篇末〈附件〉還臚列了為指定項目訂立的一百一十個績效指標（Key Performance Indicators, KPIs），這是以往歷屆的《施政報告》都沒有的。

然而，《施政報告》出爐後，市場反應一般，當日股市下跌了四百點，商界也有抱怨的聲音。究其原因，還不是因為《施政報告》只說「抗疫不走回頭路」，卻沒有通關或實施「零加零」的時間表，樓市減辣力度亦弱，市場失望，可以理解。

不過，正如李家超在立法會《施政報告》答問會（十月二十日）上回答議員所說，「我考慮嘅係香港整體」、「政府制訂政策，往往係要闊啲嘅」。換句話說，作為行政長官，他要考慮香港的整體福祉及長遠發展，《施政報告》亦不是單單為通關為股市為樓市而設，這點希望社會大眾明白。事實上，這份《施政報告》是他上任這幾個月以來，帶領特區政府高層團隊努力籌謀的成果，當中有不少突破，本文略談一二。

政治突破——勇於改革公務員制度

政治上，《施政報告》開宗明義說要「築牢安全根基，堅守一國之本，發揮兩制之利」，堅定維護國家安全，準確實踐「一國兩制」，有效發揮「背靠祖國，聯通世界」的優勢，是香港未來要走的道路，這是堅定不移的。

李家超勇於突破的，是「着力提高治理水平」、「完善治理體系」，以「提升治理能力和治理效能」。怎樣做到？說白了就是要「優化公務員管理制度」，包括更新《公務員守則》、強化賞罰制度、強化公務員培訓及優化現行動員機制。這些都是正確方向，當中我認為強化賞罰制度尤為重要。

過去我多次公開發言及撰文提及過，公務員團隊是香港繁榮穩定的基石，特區政府各個政策局、上上下下各部門，都是依靠十九萬公務員，執行政府政策，為市民提供優質服務，這點毋庸置疑。不過，公務員做事太過程序為本，太過保守，反成掣肘。而且公務員向來稱為「鐵飯碗」，長期聘用後難以「炒魷」，即使公務員表現不佳，大多只是發警告信或譴責了事，即使涉及行為不當或刑事犯罪，也需經過冗長的紀律程序才能將之解僱，升遷要考慮論資排輩，加薪是整體的「大鑊飯」。好處是安定，讓公務員無後顧之憂，壞處自然是留住了表現平平的人，一直為人詬病。

我一直提倡簡化公務員的升遷及處分解僱程序，加強公務員的問責性及上進心，讓有才能有潛質的公務員及早獲得擢升。喜見李家超認同這理念，勇於突破，敢於改革，明確指出要「強化賞罰制度」，一方面推出「行政長官表揚榜」獎勵計劃，識別具潛質的人員，加以培訓及提拔，另方面將及時終止聘用表現欠佳的人員等等，這些都是正確的改革方向。

李家超在參選時已提出要「以結果為目標」，期望今後真的做到賞罰分明，洗脱公務員團隊的「大鑊飯」風氣，提高他們做事的積極性，長遠則有效提高特區政府的整體表現。

經濟突破——設立香港的財富基金

《施政報告》説「香港是全球最具競爭力的經濟體之一」，而「『十四五』規劃確立香港八大中心定位」，「為香港注入源源不絕的發展動能」，當中以金融及科技為兩大發展引擎。《施政報告》在金融、經濟方面的着墨甚多，當中我認為最突破敢做的，就是成立香港投資管理有限公司，「把香港增長組合、大灣區投資基金、策略性創科基金及共同投資基金歸一收納，匯聚有關資源，由政府主導投資策略產業，吸引和助力更多企業在港發展」，即是成立香港的財富基金。

外國早有主權財富基金的先例，最早成立主權財富基金的多是產油國，例如挪威、中東，這些國家把出售石油所賺取的油元（petro-dollars），透過主權財富基金投資到各類企業或資產。

過去不少金融專家以及立法會議員都提倡香港要設立類似新加坡「淡馬錫」的投資基金，可是特區政府實在過於審慎保守，歷屆財政司也不傾向由政府主導投資，例如一千億「未來基金」便是交給金管局打理，穩扎有餘，進取不足。而二〇〇八年設立的「香港增長組合」則表現不錯，內部回報率（internal rate of return）達雙位數字。

現在李家超下定決心成立香港投資管理有限公司，由政府主導投資，是回應了金融專家和議員的意見，將來這基金可以投資北部都會區、明日大嶼、大灣區各項發展計劃，以至投資其他具策略性資產。此外，特區政府將從「未來基金」撥出三百億元，成立「共同投資基金」，將會選定有助帶動本地產業發展的企業，引進落戶，特區政府會考慮共同投資。這些新加坡早就有做，過去特區政府不願嘗試，今次《施政報告》的決定是突破性舉措。

謹慎委任董事局成員

對於有議員建議特區政府委任商界人士加入香港投資管理有限公司的董事局，我甚有保留，認為必須小心處理。說來原因很簡單，香港投資管理有限公司將會掌握龐大資產，將會持續融資投資，涉及龐大利益，也影響香港未來的發展動力，因此絕對不能讓董事局成員因為政治或其他利益考慮而左右投資，這條界線必須清楚，特區政府必須委任具公信力、沒有利益瓜葛的人士進入董事局，香港投資管理有限公司才具公信力，特區政府必須謹慎處理。

二〇二二年十月二十四日《經濟通》〈葉劉的地球儀〉

樹木管理宜速改革　杜絕塌樹悲劇

樹木問題困擾香港十多年，久不久便發生塌樹傷人甚至奪命意外，每次都會引起社會一番討論，但是樹木管理工作至今未有大改善。第一宗令社會震驚的塌樹壓死人事件發生於二〇〇八年，赤柱大街上一棵古樹「刺桐」，在颱風「鸚鵡」襲港後數天突然倒塌，約一噸重的樹幹壓死一名十九歲準港大女生，轟動全港。

當時發展局的解決方案，是成立一個新的辦公室。記得當時我當選立法會議員不久，時任發展局副秘書長（工務）丁葉燕薇來游説我支持開位，計劃在發展局（工務科）開設新的「綠化、園境及樹木管理組」，即要開設一個「綠化、園境及樹木管理組主管」職位（首長級第二級）、一個「樹木管理辦事處總監」職位（首長級第一級），以及一個「總園境師」職位（首長級第一級）（立法會人事編制委員會討論文件 EC(2009-10)12），當時她一再強調「強化政策局」便可解決問題，但我認為加人開位只是官僚的因循做法，並不認同建議，後來「樹木管理辦事處」（樹木辦）於二〇一〇年設立。

樹木辦規模小　難吸專家入局

有關樹木管理的潛在問題有很多。首先，特區政府體制內沒有樹木專家，即使開設了樹木辦總監這個首長級職位，亦淪為發展局轄下那些工程部門官員的競爭升級位；樹木辦規模太細、總監職級太低，儼如無兵司令，難成大事，有樹木專家不願委身入局。

第一任樹木辦總監周錦超，是植物學博士及認可樹藝師，上任前是嘉道理農場高級經理；周錦超於二〇一六年約滿離任後，發展局助理秘書長（樹木管理）徐荷芬署任了一年半；二〇一七年十月，香港知專設計學院產品及室內設計學系講師車卓妍接任總監，但是半年後極速離職，轉至香港大學教授景觀設計；二〇一八年五月，高級土力工程師高韻儀出任樹木辦總監，但是她沒有樹藝、樹木管理資歷而遭質疑；而現任樹木辦總監練偉東曾是建築署園境師。

此外，從澳洲回流的景觀設計師葛文琪，擔任綠化、園境及樹木管理組主管三年後，於二〇一八年十月離任，之後由發展局首席助理秘書長（工務）（特別職務）黃展翹以兼任的方式署任。

從上述人選的資歷轉變，反映市場上難以找到出色的樹木專家加入特區政府，而由園境師、土力工程師出任樹木辦總監的最大問題，是園境設計與樹木管理的概念並不一致，樹木專家認為樹木生長需要土壤、水份，但是園境設計最緊要美觀易打理，會出現石屎地種巨樹、石牆樹等問題。

政出多門　工作分散效率低

第二，所謂政出多門，樹木管理工作分散，漁護署、建築署、土木工程拓展署、渠務署、路政署、房屋署、地政總署、康文署及水務署各有人員做樹木工作，各自為政。若接到樹木投訴個案，各個部門要根據該樹的種植地點，確認護養責任誰孰，互相推卸之間便花掉不少時間，無人認領的「孤兒樹」則交給消防處處理，這樣的制度會有效率才怪。

二〇二二年十月二十八日，大埔梧桐寨枯樹壓死六十四歲村代表，正是政出多門之禍。據報道指，村民屢次致電「一八二三」反映村裏有危樹，但是地政總署沒有積極行動，加上外判商延誤，慘劇終於發生；此外，一位村代表稱，他曾致電樹木辦求助，樹木辦竟聲稱不負責處理有關問題，若所說屬實，簡直荒謬，不單反映樹木辦沒有發揮協調溝通的功能，亦反映多年來的樹木管理工作根本沒有改善。

缺向上流動機會　難留人才

第三，政府體制內沒有樹木管理的專業職系，難以留住人才。目前康文署設有康樂助理員職系，負責公園及綠化帶的樹木管理、康樂場地及運動設施、泳池等的場地管理，這個職系現時約有一千三百人，當中只有約一百人隸屬六個地域樹隊；而地政總署亦只有約四十人負責樹木工作，人手嚴重不足，亦難以監管外判承辦商。

此外，這些康樂助理員往往在考取了樹藝師資格、累積了護樹前線經驗後，便會調派到泳池、沙灘、體育館等其他場地工作，之前累積的經驗變得無用武之地；加上樹藝師資格不在資歷架構認證範圍內，青年人覺得工種缺乏向上流動機會，部門內有員工流失的情況。

第四，樹木專家詹志勇教授曾指出，香港過去種錯樹，樹冠愈大的樹，樹根愈多，需要很多泥土，例如台灣相思、鳳凰木，這些樹種其實不適宜在高度城市化、石屎化的香港種植；此外，四五十年前種植的樹，生命週期已到晚年，老樹病樹枯樹會愈來愈多。

建立專業職系　檢查全港樹木

針對上述問題，要有效改善樹木管理，我認為首先要建立樹木管理專業職系，把有樹藝師資格、有實戰護樹經驗的人員整合起來，撥入樹木辦，專注樹木管理工作，如此既可改善政出多門的問題，也可讓人員累積經驗、有晉升階梯，未來甚至可以在內部培養樹木專家，升任樹木辦總監。

第二，有見過去官員對於香港的整體樹量、樹種沒有準確掌握，我認為應該做一次全港性樹木統計及檢查，或至少要重點檢查林村、廣場、碼頭等高危點。

以目前樹木辦的規模資源，難以推進這工作，我建議邀請廣東省合作，皆因香港與廣東省均屬華南地區，氣候、土壤、環境等條件相似，我們可邀請廣東省大學的樹木專家、教授團隊來港，進行一次地毯式樹木檢查，找出病樹枯樹危樹，交樹木辦處理，盡快醫治病樹、移除枯樹危樹，更可指導優化未來的樹木規劃，提高香港樹木管理的水平。

塌樹壓死人的事件一宗也嫌多，過去已失去多條人命，若特區政府再不正視問題及徹底改革，未來悲劇只會不斷重演。

二〇一二年十一月十五日《香港經濟日報》〈評論〉

修訂扶貧策略　做到精準扶貧

政務司司長陳國基接受傳媒訪問時，公開指特區政府現時計算貧窮人口，計算收入但不計物業「值得商榷」，並且表示特區政府將重新研究貧窮的定義；勞工及福利局局長孫玉菡亦公開表示將重組扶貧委員會，未來將以精準扶貧為目標。我十分認同他們的說法，並相當欣慰特區政府終於朝着正確的扶貧道路邁進。

事實上，貧窮問題一直備受關注，特區政府兩度於二〇〇五年及二〇一二年成立扶貧委員會，並於二〇一三年公佈首條官方貧窮線，採取「相對貧窮」（relative poverty）概念，以每月住戶收入中位數的百分之五十定為貧窮線（poverty line），若家庭收入低於貧窮線，便屬貧窮人口。

相對貧窮　愈扶愈貧

過去我多次公開發言及撰文，指出特區政府採用相對貧窮線有多重問題：

一、相對貧窮線會因為市民整體收入增減而不斷浮動，若經濟持續增長，便會拉高住戶收入中位數，那麼位於相對貧窮線以下的人口便會不減反增。香港在二〇一三年時有貧窮人口（政策介入前）一百三十三萬六千人，到二〇一九年竟增至一百四十九萬一千人，二〇二〇年更增至一百六十五萬三千人（《二〇二〇年香港貧窮情況報告》）；貧窮率亦由二〇一三年的百分之十九點九（政策介入前），升至百分之二十一點四（二〇一九年）再升至百分之二十三點六（二〇二〇年），難怪特區政府一直被批「愈扶愈貧」。

低收入但高資產　難算貧窮

二、相對貧窮線未能準確找出社會上最貧窮、最需要幫助的組群。正如政務司司長所説，計算收入而不計資產的話，可能有市民（特別是退休長者）沒有收入但手持物業，其實若有幾個物業收租也很難算是貧窮，若計入貧窮人口，那是説不過去的。

此外，市民「上樓」與否也有影響，若市民已住在公屋甚至居屋，其生活質素必比「上樓」前大幅改善，扣除公屋的低租金，家庭資源也相對靈活，若這些個案都計入貧窮人口，那樣不單誇大了貧窮人口的數字，資源亦未必分配到最有需要的市民身上。

派錢不能長遠解決貧窮問題

三、特區政府以「政策介入前」（pre-transfer）及「政策介入後」（post-transfer）的貧窮人口數字來凸顯扶貧成效，我認為是數字遊戲。所謂的「政策介入」其實就是不停地派錢、派福利、補底，例如《二〇二〇年香港貧窮情況報告》指「政策介入後」，二〇二〇年有一百一十萬人脫貧，貧窮人數大幅下降至五十五萬人云云。但是這些福利措施並不是真正協助市民脫貧。

特區政府歷年來投放在社會福利的資源非常龐大，是開支最龐大的政策範疇。例如二〇二一／二〇二二年度是一千零五十七億元，二〇二二／二〇二三年度已增至一千一百一十八億元，佔全年總開支的百分之十九點八！不過，香港目前經濟艱難，財政司司長陳茂波在《財政預算案》預計二〇二二／二〇二三年度的赤字有五百六十三億元，後來再在九月的網誌進一步估算本年度將錄得千億財赤，財政儲備則會降至約八千億！在這樣的情況下，是否仍持續以巨大福利開支作為減貧手段，我相當有保留。

「授人以漁」更重要

我一直認為扶貧政策的正確方向是要把資源用在社會上最需要幫助的組群，例如居住環境惡劣的劏房戶、貧困長者、基層兒童，以做到精準扶貧，因此，修訂貧窮定義非常重要。而相比起派錢派津貼等補底措施，我更相信「授人以漁」，包括擴大產業結構、創造職位、辦好職專教育，讓市民能憑自身努力脫貧。

我擔任主席的立法會「改革扶貧政策和策略小組委員會」已召開四次會議，勞福局局長孫玉菡及房屋局局長何永賢先後與會，和議員討論扶貧政策。何局長提倡的「簡約公屋」冀能加快市民「上樓」，脫離不適切居所，也是為了扶貧。最後，我留意到周永新教授指現階段未必需要再訂貧窮線，反而應分析市民的支出，支援自理能力較差的組群，這也是值得探討的。

二〇二三年十一月三十日《經濟通》〈葉劉的地球儀〉

「簡約公屋」的重重挑戰

按照房委會最新統計數字，截至二〇二二年六月底，香港公屋平均輪候時間為六年，與三月底統計的六點一年相比，輪候時間只是輕微縮短，市民仍然要輪候經年。為解決公屋輪候時間過長的難題，行政長官李家超於二〇二二年《施政報告》中提出，由特區政府主導興建「簡約公屋」以填補短期內公屋供應不足的缺口。

計劃公佈以來，外界一直議論紛紛，有聲音要求特區政府釐清「簡約公屋」與過渡性房屋的區別；亦有意見質疑計劃能否加快市民上樓、縮短公屋輪候時間。日前，房屋局局長何永賢親自在立法會「改革扶貧政策和策略小組委員會」上向一眾議員講解，讓我們明白特區政府為何這樣有信心「簡約公屋」能幫助我們加快「告別劏房」。

為加快工程進度，「簡約公屋」不是由房委會策劃及興建，有關工作改由何局長曾領軍的建築署轄下的一支專責隊伍負責。按照特區政府的估算，新建的「簡約公屋」配合傳統公屋，可讓未來五年的公屋總建屋量增加約五成，令公屋輪候時間在未來四年內由現時的六年縮短至約四年半。「簡約公屋」單位內設有獨立洗手間、淋浴間、廚房、冷氣機及熱水爐等基本設備，租金更只有同區新落成公屋的九成，可滿足大部份基層市民的基本需要。

選址偏遠減吸引力

我很佩服何局長想出如此新穎的對策，但我認為落實過程仍將面對一些困難，例如「簡約公屋」的選址。

過往，我收過不少市民就着公屋編配問題向我求助。其中，不少申請人因為獲編配單位地點偏遠，無法滿足他們上班、孩子上學及照顧家人等需求而放棄搬入。位於元朗的博愛江下圍村過渡性房屋就因為地理位置偏遠，不少公屋輪候人士及劏房戶都拒絕入住。因此可以估計，若「簡約公屋」的興建地點過於偏遠，落成後恐會再次出現申請人拒絕入住的情況。

管理問題是隱憂

「簡約公屋」的管理是另一個潛在隱憂。按照特區政府提交予立法會的文件，房屋局有意將「簡約公屋」的管理工作交由非政府組織（NGO）及商業機構負責。雖然現時 NGO 有參與過渡性房屋的管理工作，但「簡約公屋」的管理工作較為複雜，包含環境管理、物業維修、租務及清潔管理，我擔心香港的NGO沒有足夠資歷的僱員處理相關工作。而「簡約公屋」約二千五百元的租金已包含差餉及管理費，所得利潤十分微薄，相信難以吸引商業機構參與。

此外，社會最關注興建「簡約公屋」的財政支出。由於「簡約公屋」的策劃及興建都不是房委會負責，因此所需的工程款項不會從房委會的財政儲備撥出，而需要到立法會申請撥款。按照何局長的估算，「簡約公屋」每個單位的成本將介乎五十萬至六十萬之間，但局方尚未能提供詳細數字。雖然現時特區政府財政較為緊張，但畢竟涉及重大民生議題，我相信財委會仍然會批准有關的撥款申請。

不論如何，本屆政府為解決公屋輪候時間長的問題而想出如此進取的政策，決心十分值得肯定。我希望特區政府能廣納意見、做好解說，讓「簡約公屋」能確實地緩解公屋輪候時間過長的問題。

二〇二二年十一月二十一日及二十四日《明報》〈三言堂〉

李家超開局理想　挑戰未完

行政長官李家超在二〇二二年七月一日上任，轉眼半年過去，其「以結果為目標」的主張深入民心，團結特區政府領導班子，為香港做了大量工作，包括抗疫、通關、搶人才、出藍圖、加快建屋等，事事「提速、提效、提量」，算是開局不錯。比起前任，李家超無疑更擅於溝通和表達，其務實貼地的作風不知不覺間獲得市民大眾認同。

疫情肆虐三年，香港一直採取非常嚴謹的抗疫措施，經濟、就業、生活都大受影響；到李家超上任，市民要求復常的聲音日益強烈，如何在抗疫及復常之間取得平衡，成為李家超的首要挑戰。

穩步通關復常　重返國際舞台

這半年間，李家超以穩定有序的步伐，逐步放寬入境及防疫措施，逐步對外開放，首先於二〇二二年九月二十六日放寬入境限制至「零加三」，即入境人士毋須隔離檢疫，只須三天醫學監察；十二月下旬到北京述職回港後，他宣佈取得中央政府同意，兩地將有序實施免隔離全面通關，並隨即成立「通關事務協調組」與內地部門協調；市民翹首以待的通關終於在二〇二三年一月八日成真，我們從新聞報道看到市民衝着過關，與三年沒見的親人激動擁抱，便知道這是二〇二三年的好開始。

聯通世界方面，這段期間香港陸續復辦國際大型活動，例如國際金融領袖投資峰會、國際傳播高端論壇、Citi China Investor Conference 2022，以及香港國際七人欖球賽、香港單車節、香港玩具展等，反映香港就如李家超所說，已重返國際舞台中心。

搶人才搶企業　添競爭力

人口外流、人才流失是香港面對的另一重要問題。根據特區政府的統計，二〇二〇年第二季至二〇二二年第二季，香港有十四萬人口淨移出，當中大部份是二十五歲至三十九歲的青年人口，估計包括大量專業人士，因此李家超上任後，一直強調會「搶人才、搶企業」，並在《施政報告》承諾推出相關政策。

二〇二二年十二月二十三日，政務司司長陳國基及財政司司長陳茂波舉行了「搶人才、搶企業」記者會，公佈各項計劃詳情，包括設立「人才服務窗口」線上平台及實體辦公室、推出「高端人才通行證計劃」、取消「優秀人才入境計劃」年度配額，以及優化現有的人才入境計劃、簡化審批程序等。

至於「搶企業」方面，包括成立「引進重點企業辦公室」及「招商引才專組」，界定生命健康科技、人工智能、數據科學、金融科技、先進製造、新材料及新能源科技等為「策略性產業」，「引進辦」將制訂目標企業名單，並主動爭取企業來港。

這些都是好的政策，期望能盡快達到成效，提高香港的競爭力；同時，特區政府須加強培育及留住本地人才。

接連推三大藍圖　描畫未來

在李家超帶領下，各個政策局積極配合，在二〇二二年末推出三大藍圖，描畫未來，誠意可嘉：

創新科技及工業局推出《香港創新科技發展藍圖》，提出完善創科生態圈、豐富創投融資渠道、充實創科人才資源、深化與內地創科合作等八大重點策略。

民政及青年事務局推出《青年發展藍圖》，臚列逾一百六十項推動青年發展的措施，並將設立「青年專員」，統籌青年工作。

醫務衛生局推出《基層醫療健康藍圖》，強化基層醫療健康體系，整合資源、規劃人手，建立社區基層醫療系統。

此外，還有老大難的房屋問題。房屋局積極推進「簡約公屋」，目標是在五年內興建三萬個簡約公屋單位，以增加整體公屋供應量，希望壓縮公屋綜合輪候時間至四年半；不過，簡約公屋的興建成本比傳統公屋貴而引起爭議，特區政府要謹慎行事。

落實「四個必須」 真正考驗

綜上而論，李家超與各司局長在政策範疇上的努力有目共睹；但是，我認為更大的挑戰在更高層次方面，就是如何達致國家主席習近平在二〇二二年「七一」講話中提出的「四個必須」和「四個希望」。

「四個必須」指必須全面準確貫徹「一國兩制」方針、必須堅持中央全面管治權和保障特別行政區高度自治權相統一、必須落實「愛國者治港」、必須保持香港的獨特地位和優勢；「四個希望」則是着力提高治理水平、不斷增強發展動能、切實排解民生憂難、共同維護和諧穩定。

「一國兩制」是史無前例的創舉，包容香港這個城市在龐大的社會主義國家內，實行資本主義制度和生活方式，本身就充滿矛盾。作為一個十四億人口的國家，中國的發展格局素來不是完全開放；相對地，香港則是高度開放的國際城市，好處是與國際社會接軌，壞處就是外國不好的東西也進來了，例如西方的極端自由主義及個人主義，甚至有外部勢力利用香港的開放來對付中國等。

換句話說，香港如何能在政治、經濟、人心各方面，更好地與國家融合，提高港人的國民身份認同，既要維持香港的國際地位及獨特優勢，不讓香港變成一個普通的內地城市，同時要抵抗西方的抹黑及侵蝕，保持社會和諧穩定，做到前中聯辦主任駱惠寧所說的，一方面「團結奮鬥」，另一方面「敢於鬥爭、善於鬥爭」，才能讓「一國兩制」行穩致遠，當中難度之高，是行政長官李家超的真正考驗。

二〇二三年一月十九日《香港經濟日報》〈評論〉

遭冷待二十年的前南丫石礦場

猶記得立法會換屆選舉的時候，由於我所屬的港島西選區幅員很大（包括離島），但是選舉期有限，當時我未能走訪所有離島，於是，我趁着二〇二二年立法會休會期間，安排了一系列離島考察工作，視察了大嶼山、長洲、南丫島等離島，聽取居民意見，了解他們所需，亦發掘了一些尚待處理的發展項目——南丫島索罟灣前南丫石礦場便是其中之一。

考察南丫島發掘問題

南丫島是香港第四大島嶼，卻只有約六千七百人居住，因為人口稀少，島上各種基建配置及公共服務非常不足，居民生活十分不便。當時鄉事委員會告訴我，前南丫石礦場那麼一大幅用地，特區政府愛理不理，雖然自二〇一一年起以短期租約的方式租予香港基督教青年會辦青年營，但因為缺乏基建，使用率甚低，情況與荒廢相差無幾，居民自然未能受惠。

這段期間，我多次在面書及公開提出重新發展前南丫石礦場，期望引起特區政府及社會的關注。農曆新年前的立法會大會（二〇二三年一月十八日），我也向發展局局長甯漢豪提出了口頭質詢。

二〇一二年做了兩個階段可行性研究

回顧歷史，前南丫石礦場是個久遠的項目，卻一直備受冷待。一九七八年，南丫石礦場開始運作，後來停止運作後，特區政府便進行平整土地等工作，並早於二〇〇二年已竣工，然後整幅地曬了十年月光，特區政府在二〇一二年終於想起做可行性研究，花了二千萬做了兩個階段的研究後，立法會發展事務委員會亦於二〇一四年討論過，但是項目之後不了了之，整幅土地坐了冷板凳二十年，難怪立法會議員謝偉銓戲謔特區政府是「土地大啱鬼」。

前南丫石礦場包括二十公頃已平整土地、五公頃人工湖、九公頃樹林和一公里長的海岸，合共約三十四公頃。特區政府在二〇一二年進行「南丫島索罟灣前南丫石礦場未來土地用途發展規劃及工程研究——可行性研究」，當時的研究範圍涵蓋石礦場本身、毗鄰兩公頃的水泥儲存倉，以及天然山坡和海岸線，合共約六十公頃。

由於當時大多數意見不認同興建高密度住宅，兩階段的研究及公眾諮詢結果是發展「旅遊與房屋」合併主題，規劃興建千二個私營房屋及七百個資助房屋單位，可供五千人入住；同時保留人工湖，興建遊艇停泊及碼頭登岸處、水上活動中心、海濱長廊、單車徑、度假酒店及商業中心等。

發展商沒興趣投資

看來當時的規劃頗美好，那為甚麼會擱置？發展局局長甯漢豪在立法會回覆我的口頭質詢時解謎，原來當時特區政府要求發展商負責興建基建及配套，但是發展商考慮到興建基建斥資甚巨，但是房屋單位數量少，不符成本效益，項目無人問津，特區政府如意算盤打不響，就不繼續了，思維模式之僵化，可見一斑。

建議興建人才公寓

浪費了那麼多年，現在是時候「提速提效提量」，特區政府也要突破思維，重新規劃前南丫石礦場的未來發展。石礦場一帶環境優美，背山面水，天然資源豐富，又有人工湖，我認為非常適合發展水上活動中心、湖畔休閒設施。此外，雖然當年有環保人士聲稱發展會影響綠海龜的生態，但是這方面的科學數據一直欠奉，可見打造生態旅遊也是可以考慮的。

住屋方面，除了低密度住宅，我認為應順應時勢興建人才公寓，用以吸引境外人才定居。雖然甯漢豪局長指「人才公寓一般與工作地點應較為接近，這方面南丫島前石礦場用地可能比較遜色」，但其實索罟灣與港島的距離相當近，往來中環或香港仔船程只需約三十分鐘，對外交通不成問題。而且南丫島接近南區，數碼港也有很多金融科技及初創企業，很多在數碼港工作的專業人才也喜歡南丫島的優美環境，若在那兒興建人才公寓估計大有吸引力，而且若基建及社區設施齊備，居民生活必有改善。

最後，我認為特區政府應承擔發展的主體責任，主動推進項目及興建基建設施，而不是因為發展商沒興趣便把項目擱置。喜見甯漢豪局長在立法會會議回覆「政府打算再通盤審視該地點的土地規劃、發展模式、基建設施和交通配套的要求，以及整體發展的成本效益等」，並且「爭取今年內開展研究」。希望這次特區政府坐言起行，別又浪費二十年。

二〇二三年一月二十六日《經濟通》〈葉劉的地球儀〉

《財政預算案》的真正亮點在於投資未來

二〇二三年《財政預算案》的主題是「穩中求進，共拓繁榮新願景」，我認為財政司司長陳茂波是努力做到了，畢竟受各種經濟因素影響，他在制訂這份《財政預算案》期間，受到一定掣肘。

正如他在《財政預算案》引言所說，「現時外圍環境仍然嚴峻，風雲變幻」，而「香港經濟正值復甦初段，市民和不少企業仍然承受相當壓力，需要支援」，特區政府在二〇二二／二〇二三年度錄得約一千四百億元赤字，若計入大約六百六十億元的發債，實際財政缺口其實是二千億元；而二〇二二／二〇二三年度財政儲備則下降至約八千二百億元。

至於二〇二三／二〇二四年度，特區政府的整體開支是七千六百一十億元，當中投放於醫療衛生、社會福利和教育這三大範疇的開支合共三千二百九十四億元；收入則預計為六千四百二十四億元，「連同二〇二三／二〇二四年度政府債券發行額約六百五十億元，年度赤字預計為五百四十四億元，財政儲備亦將下降至七千六百二十九億元，相等於十二個月政府開支。」

在這樣的情況下，若特區政府不及早做到收支平衡，增加財政儲備，對於香港作為國際金融中心的聲譽一定有影響。但是財政司司長仍努力「在力所能及之處，照顧有需要的市民」，殊不容易。

消費券不應成恆常開支

正因為了解特區政府面對的財政壓力，新民黨不贊成二〇二三年續派消費券。一來，香港與澳門兩地的實際情況不同，香港不必事事與澳門爭先；二來，消費券始終是經濟低迷時的逆周期及擴張性措施，不應成為恆常開支；三來，消費券的目標是提振經濟，但是派發金額不多的話，對刺激經濟或對受重創的行業來説，作用不大。

不過，我理解財政司司長亟欲回應市民訴求，即使金額不多，派發消費券能改善社會氣氛，讓市民感覺良好（feel good），誠是好事。

派發消費券外，財政司司長亦提出了其他支援不同階層市民的「派糖」措施，包括寬減薪俸稅和個人入息稅、寬減差餉、發放額外半個月綜援金、提供電費補貼，以至增加子女免稅額及代 DSE 考生繳付考試費等等。雖然有意見認為今次是「減了甜」，但是在政府財政緊絀的時候仍做到這些，已經不容易，希望市民理解。

調整從價印花稅助市民「上車」

此外，很高興財政司司長接納了新民黨的建議，着眼樓市，調節物業印花稅。特區政府素來都憂慮在土地和房屋供應尚未充裕的時候，若「辣招」一撤，樓價便會急升，因此，財政司司長在《財政預算案》刻意強調，「目前的各項住宅物業需求管理措施（即所謂『辣招』）維持不變」（第一五一段）。那麼，如何協助市民穩健地「上車」，落墨必須謹慎。

「辣招」不撤，財政司司長選擇調整買賣或轉讓住宅及非住宅物業須繳付的從價印花稅（第二標準稅率）的稅階，藉以減輕市民的置業（特別是中小型單位）負擔，我認為做法聰明。舉例說，購買一個約四百萬元的單位，調整前的從價印花稅是九萬元，稅階調整後則只需約六萬元，減了三萬元。我相信這個調整有利樓市，事實上，調整生效後，中小型單位的成交有增加，對地產行業、物業代理也有幫助。

投資人工智能目光長遠

相對於上述這些，我認為整份《財政預算案》的真正亮點在於「共拓繁榮新願景」，即是如何具前瞻性地投資未來，正是與以往的《財政預算案》不同之處。

《財政預算案》花了大量篇幅描述如何對接國家發展戰略，推動高新科技及高質量發展，既回應「二十大」報告的要求，配合國家大局，亦為香港創造新動力，促進產業結構轉型，提高香港的經濟檔次。

財政司司長特別着眼於推動數字經濟、建設人工智能超算中心、發展第三代互聯網（Web 3）生態圈、建構綠色科技及金融中心、發展虛擬資產，以及設立微電子研發院、設立生命健康科技主題研究院等等，我認為聚焦正確，目光長遠。試想想，現在人工智能聊天機械人發展得熱火朝天，若香港仍原地踏步，勢被未來摒棄。

正如廣東省深圳市福田區委書記黃偉接待香港傳媒高層大灣區參訪團時說，「河套深港科技創新合作區」可將港深兩地的優勢結合，提供十五萬個高價值職位，預計有一半職位是提供給香港的青年人，可預視未來對科技人才的需求相當大，屆時青年人「就不用去旺角賣奶茶和波鞋，可以做喜歡的科創事業」。

換句話說，今日的香港教育必須更具前瞻性，小學、中學、大學不同學習階段也要加強 STEM 教育，讓青年人學好數學、工程、科技。今日的學生是明日的人才，鞏固創科人才庫，要從今天做起。

北部都會區財務安排

還有一項和香港未來發展息息相關的，就是北部都會區發展策略和交椅洲人工島的財務安排。

北部都會區發展策略是個龐大項目，涉及「三鐵三路」六大交通基建項目、容納二百五十萬人居住的單位建設等等，其發展路線圖及財務安排一直備受關注。二〇二三年二月十日，特區政府公佈了「北部都會區諮詢委員會」的非官方委員名單，我也榜上有名，委員會亦於三月一日舉行了首次會議。財政司副司長黃偉綸亦於二月二十七日到深圳出席「北部都會區專班」首次會議，可見特區政府非常重視北部都會區的推進工作。

財務安排方面，我早於二〇二一年已建議特區政府成立「特定目的公司」（special purpose vehicle）或其他特定機構來融資，以減低特區政府的財政負擔。之後，特區政府亦已根據《施政報告》成立香港投資管理有限公司，並已委任董事會及於二月二十八日召開了首次董事會會議。此外，財政司司長亦表示正籌備成立「北部都會區統籌辦事處」及考慮發行基建債券。我相信特區政府會探討如何運用不同的財政手段，支付興建北部都會區的費用，費用尚待謹慎計算，現在仍未公佈。

至於工程更複雜更龐大的交椅洲人工島，我留意到財政司司長有指出，北部都會區的支出和交椅洲人工島並不掛鈎，而《財政預算案》只說會就「填海範圍、土地用途、交通基建網絡及財務安排提出初步建議」，日後「敲定更詳細的規劃」後，才「研究合適的財務安排、審視各融資選項」，顯然交椅洲人工島涉及的開支數目更龐大，風險因素更複雜，進度亦比北部都會區發展策略落後得多，雖然目前工程部門力推，但相信財務安排未能敲定。

二〇二三年三月三日《經濟通》〈葉劉的地球儀〉

建議扣減港鐵管理層花紅作為事故罰款

每五年檢討一次的港鐵票價調整機制（下稱「機制」），剛於二〇二三年初完成了新一輪檢討，並於三月二十一日獲行會通過。根據修訂後的「機制」計算，二〇二三年港鐵將會加價百分之二點三，於六月生效。

港鐵票價調整機制自二〇〇七年兩鐵合併後實施，是一條頗為複雜的公式：

(0.5 × 去年十二月綜合消費物價指數按年變動) ＋ (0.5 × 去年十二月運輸業名義工資指數按年變動) － 生產力因素 ＝ 整體票價調整幅度

公式中的「生產力因素」計算港鐵車務營運的年增長率，因為港鐵沒計算鐵路營運以外收入，年增長率下跌至負數，根據規定二〇一七年度起「生產力因素」設置為「零」，港鐵於二〇一七年起引入百分之零點六作為特別扣減，變相抵銷加幅。

歷年來「機制」總是計出加價的多（達九次），凍價的少（共五次），即使已引入負擔能力上限，減價絕無僅有，只有二〇二一年算出「減百分之一點八五」(-1.85%)，因此「機制」長年遭戲謔為「只加不減機制」。

票價調整機制計算物業發展利潤

經濟開始復甦，二〇二三年「機制」又再計出加價，市民感到失望可以理解。不過，市民應留意的是，在運輸及物流局的積極爭取下，這次檢討終於有所突破，港鐵同意把「生產力因素」由計算港鐵車務營運的年增長率，改為與港鐵的香港物業發展利潤掛鈎——物業發展利潤五十億以下減百分之零點六，五十億至一百億減百分之零點七，利潤達到一百億以上則減百分之零點八——換句話說，港鐵在物業發展賺錢愈多，減幅愈大。正如運輸及物流局局長林世雄所說，「生產力因素」是「以後生生世世都減，往後營運五十年都會減」，較只靠優惠及回贈，對市民來說是好消息。

港鐵二〇二二年的物業發展利潤達一百零四億，即「生產力因素」是減百分之零點八，比起原公式的特別扣減百分之零點六，減多了百分之零點二；代入「機制」公式後計出票價加幅百分之二點三的結果。雖然有意見認為只比原公式多減了百分之零點二是微不足道，亦有議員質疑若他日港鐵物業利潤過千億也只是減百分之零點八是太少，但是根據往績，港鐵的物業利潤未曾有過千億，大多徘徊在四五十億，二〇二一年升至九十二億，二〇二二年則增至一百零四億，因此議員是過慮了。再者，「機制」是每五年檢討一次，未來仍可根據實際情況修訂公式。

港鐵物業發展穩賺

另有意見質疑今後港鐵可「造數」，例如透過調整每年物業的銷售時間表，早賣遲賣，控制物業發展利潤在一定範圍，以操控「機制」的計算結果，例如控制年度物業發展利潤在五十億內，令「生產力因素」保持在減百分之零點六等等，我認為過慮了。

眾所周知，特區政府一直「以地養鐵」，特區政府要開發新鐵路時，會考慮融資安排，最常見的模式是「鐵路加物業」，批出鐵路附近的物業發展權予港鐵，讓港鐵可以物業發展的利潤補貼興建鐵路的支出，而港鐵從物業發展衍生的龐大利潤，甚至可超越興建鐵路的支出。因此，常常有聲音質疑港鐵不願意興建物業發展潛力低的鐵路，例如有多個政黨爭取的荃屯鐵路，即使早已納入特區政府《鐵路發展策略二〇〇〇》報告中，但因為造價貴，沿線物業發展潛力低，港鐵一直束之高閣。

即使是大圍站上蓋物業項目柏傲莊的模式，即港鐵招標，由發展商投標上蓋物業發展權，後來發生地盤打樁引致大圍站月台沉降、鋼筋支架倒塌等意外，部份工程需拆卸重建，發展商新世界負了全責，港鐵「不用上身」，仍然穩賺。

港鐵是上市企業，需提高利潤向股東交代，會因為「機制」的計算公式而壓抑物業發展利潤的機會不大。再說，未來立法會必定會加強對港鐵的監察，讓市民放心。

二〇一三年四月三日《經濟通》〈葉劉的地球儀〉

第四章

落區考察親近民心

坪洲居民關注出行交通及校網問題

香港在完善選舉制度後，二〇二一年的第七屆立法會選舉的選區重新劃界。我參選地區直選的港島西選區的幅員擴大了很多，除了原來的中西區及南區外，新增了東涌及離島。

立法會選舉期很緊迫，當時還有第五波疫情來襲，我未及逐一走訪各個離島。二〇二二年七月，我趁着立法會大會休會，展開落區考察計劃，走訪離島，接觸居民，了解離島民心民情。

考察第一站是坪洲。很高興承蒙坪洲鄉事委員會主席暨離島區議會當然委員黃漢權先生的邀請，我和一眾黨友到訪坪洲，拜訪委員及會見居民。會議上，我們分享了習主席講話，同時細心聆聽大家反映島上的問題。

第一個問題關於坪洲校網。現時坪洲大約有七千名居民，小學生大約有一百人，雖然坪洲在地理位置上非常接近港島，往來中環碼頭的船程只需約半小時，但是坪洲一直歸入離島校網，坪洲小學生升中時大多會派往東涌的中學。同學上學要先去愉景灣，再轉車去東涌上學。相比起去中西區，同學去東涌上學的時間更長、交通費也更貴。坪洲家長一直爭取把坪洲撥入中西區校網，我也認為這問題需要跟進。

第二、委員關注明日大嶼項目的進展。委員並不反對明日大嶼項目，但是他們指出，明日大嶼的填海範圍與坪洲距離太近，擔心屆時坪洲與人工島之間只餘下一條極為狹窄的水道。目前，渡輪是坪洲往返市區的唯一交通工具，有委員建議興建一條跨島大橋連接坪洲與人工島，居民便可由陸路前往中環，多了交通選擇，亦更方便。

我理解上述建議，根據當年建設青衣島的經驗，第一條興建的「青衣一橋」由中華電力興建，隨着青衣不斷發展，人口增多，政府便參與興建二橋及三橋，疏導青衣交通。那麼說，特區政府推展明日大嶼這個逾二千公頃的巨型人工島時，也應仔細考慮及規劃，如何完善整個項目的交通配套，惠及坪洲及其他離島居民，讓他們出行更加方便。

第三、我們收到一位居民求助。年屆九十的劉婆婆一直居住由鐵皮興建而成的牌照屋，多年來飽歷風霜，鐵皮屋已極為殘舊，劉婆婆花了十多萬積蓄聘請工匠修補，但是劉婆婆年紀老邁，加上知識水平不高，並不知道修補過程需要申請改變用途，結果竟然被地政總署取消其鐵皮屋牌照。劉婆婆現時只是靠高齡津貼過活，假如地政總署取消其鐵皮屋牌照，她便無處棲身，故此感到極為徬徨。我認為有關部門處事不應只循冷冰冰的程序，面對如此苦況的長者應格外開恩，我承諾會盡力跟進，看看這個案能否酌情處理。

與黃主席及一眾委員午飯後，我們漫步坪洲，參觀島上設施。坪洲婦女會帶我們參觀廚餘設施「聚寶坪」。「聚寶坪」獲環保署環境及自然保育基金資助，收集島上廚餘，處理後成為肥田料，用來種植秋葵等農作物，收成後再售予居民。現場所見農作物長得甚為茂盛，我認為此計劃甚有意義，也符合環保理念。

之後，我們來到隱藏在坪洲街角的「秘密花園」，原來是間咖啡室，小小天地，讓我們有置身意大利隱世鄉郊小花園的感覺。另一個人氣打卡點是Island Table，這咖啡室相當有名，由三姊妹主理，她們昔日從事航空業，離職後轉型開設咖啡室，時至今日做得有聲有色，據說週末期間人流極旺，生意火爆，是成功轉型的好例子。

我們環島漫步，路上遇見不少長者，他們生活悠閒，不少公公婆婆在碼頭旁邊樹蔭乘涼及聊天。坪洲空氣清新，我認為這小島非常適合興建安老院舍，尤其是我們路過看見昔日由邱德根斥資興建、如今已荒廢多年的坪洲戲院。舊戲院佔地甚廣，若用作興建安老院舍或活化作為社區設施，可讓更多居民受惠。

雖然在島上逗留時間不長，但坪洲純樸民風以及島上居民的熱情招待，令我對這小島留下良好印象。

二〇二二年七月二十七日 面書

長洲居民要求興建暖水游泳池

我的考察離島第二站是長洲。承蒙長洲鄉事委員會主席翁志明、兩位副主席孔憲禮及陳超傑、長洲婦女會理事長李桂珍，以及多位長洲社團領袖的邀請及接待，我在會面時分享我對習主席發表的「七一」重要講話的解讀，亦有簡單介紹第六屆特區政府上任接近一個月的工作。我認為第六屆政府表現積極有為，行政長官李家超及各位司局長均親民貼地，無論是應對傳媒、與議員交流，抑或社交媒體發放的內容及短片等等，均顯示行政長官非常注重團隊精神、深入群眾以及了解民困，展現施政新氣象。

行政長官成立了四個由司級官員帶領的工作組，專責處理跨代貧窮、土地房屋供應、地區事務和興建公營房屋事宜。抗疫方面，醫務衛生局局長盧寵茂教授取消了海外來港航班的熔斷機制、實施電子報關，大大減低海外人士抵港的不便。此外，特區政府積極研究採用「紅黃碼」，減少海外人士抵港隔離時間，我相信特區政府正全速準備對外通關的工作。新政府上場短短一個月已給予市民大眾良好觀感，是實施良政善治的好開始。

分享以上種種後，我隨即與長洲鄉事委員會一眾主席及委員交流地區問題。首先，翁主席提出，長洲佛教慧因法師紀念中學正面臨殺校；同時，由於長洲搶包山已列為世界非物質文化遺產，翁主席希望採用中學校舍進行搶包山及長洲文化等非物質文化遺產宣傳工作。我表示香港非常缺乏土地，任何政府設施均宜以多用途為主，這所校舍現時由教育局管理，假如想改變用途，要先等待教育局釋放校舍，才可申請及規劃重建或者改變用途，成為宣傳長洲搶包山非物質文化遺產的多用途大樓。

第二，這次拜訪長洲鄉事委員會，發現大樓頂層別有洞天，設置了一個介紹「源、島I PARK」石鼓洲焚化爐的環保設施。委員告訴我，原來當中有個故事——長洲一直沒有泳池，大部份長洲居民均前往東灣游泳，過去幾年曾在沒有救生員當值的情況下發生意外，因此在長洲興建泳池的訴求頗為急切。

原來特區政府早年曾計劃於鄰近長洲的石鼓洲興建焚化爐，但是長洲居民非常擔心會對小島造成嚴重污染，長洲鄉事委員會做了大量工作，與特區政府及當地居民斡旋，最後各方同意以先進技術興建焚化爐，同時亦會興建一個具備休憩設施、風景優美的人工島，更承諾興建一個暖水游泳池供長洲居民使用。但當局後來卻改口指石鼓洲欠缺地方，泳池至今無影無蹤，長洲居民希望特區政府能給他們「補回」一個暖水泳池。

聽罷這個泳池的故事，我的想法是，假如特區政府真的未能在石鼓洲找到地方興建泳池，日後長洲鄉事委員會大可在運用佛教慧因法師紀念中學校舍，申請改建用途時，爭取在大樓內興建暖水游泳池，惠及長洲居民。

第三，現時人口大約三萬人的長洲，面積比坪洲大得多。除了長洲本地居民外，前來遊覽的遊客絡繹不絕，每天出入長洲的人次可高達兩萬人。委員反映每逢週末及公眾假期，公眾碼頭人多起來便容易有秩序問題，故希望當地警署於週末加派警員在碼頭一帶巡邏，維持秩序。

第四，由於不少長洲居民使用單車代步，單車車主為趕上船，便將單車隨意泊在街上；此外也有棄置單車的問題。另外，也有居民喜歡使用三輪車代步或運載貨物，可惜這些交通工具並沒有任何管制，有時這些車輛會阻塞通道，影響居民出入。

我在其他地區亦收到棄置單車堆積如山的投訴，大量棄置單車衍生環境及安全等各類問題，可是因為單車屬私人財產，特區政府難以即時清除所有單車。會上有長洲居民代表建議採用單車實名登記制，假如車主非法棄置單車或佔用公共地方，特區政府便可跟進，我表示此方案可以考慮，但是同時要研究其他衍生問題。

第五，有委員提出長洲網絡服務的問題。現時長洲只有一家網絡供應商，或許是因為壟斷而缺乏競爭，該供應商的服務不如預期，長洲網速及穩定性均差強人意，電視頻道接收亦不理想，連主流頻道無線免費電視也未能穩定接收。網絡服務差，收費卻十分高昂，委員希望我向特區政府及電訊公司反映，盡快改善網絡服務。

會議完畢後，我們與一眾長洲鄉事委員會委員外出視察，不出所料在長洲大街上見到大量單車堆積如山，不單阻塞街道，更對途人造成不便，要認真處理。

我們也考察了長洲街市，長洲街市大樓已建成二十多年，一眼望去整體整齊整潔，燒臘檔及其他檔口均清潔企理，檔主也十分熱情。

隨後我們拜訪長洲婦女會，婦女會理事長李桂珍表示，現時婦女會已有過千名會員，經常舉辦各類活動，多年來她們熱心協助居民處理各種民生事務，例如申請消費券等等。疫情期間，長洲婦女會站在抗疫前線，協助長洲鄉事委員會搜羅大量口罩、消毒搓手液等抗疫物資，免費贈送予有需要的居民。她們非常歡迎特區政府成立十八區關愛義工隊，並表示日後關愛義工隊成立後，她們樂意協助處理各種民生問題，例如處理街道上大量棄置單車、協助長者使用流動支付以及如何使用樂悠卡等等。

午飯過後，我便返回市區繼續其他公務。再次感謝長洲鄉事委員會、長洲婦女會及其他社團領袖的熱情招待。長洲與坪洲同樣風景優美宜人，長洲多了幾分熱鬧，適合青年人居住。

二〇二二年七月二十九日 面書

考察打鼓嶺與香園圍

北部都會區發展策略是激活香港未來發展的新引擎，也是香港融入國家發展大局的重點項目之一。

感謝打鼓嶺鄉事委員會主席陳月明議員的邀請，我和黨友譚榮邦、黎棟國、容海恩、陳家珮、李梓敬以及何敬康等一行人，於二〇二二年七月三十日參加「北部都會區（東北）深度考察團」，來到打鼓嶺、沙嶺、沙頭角及荔枝窩考察。

當天早上，我們先到打鼓嶺鄉事委員會拜訪陳月明主席及一眾委員，會上大家除了交流北部都會區未來發展藍圖外，也聆聽現時打鼓嶺居民面對的問題。例如該區不少祖堂地及農地遭非法霸佔，甚至有黑社會欺凌弱小村民及租客；此外，位於香園圍口岸附近的「沙嶺殯葬城」工程，引起附近及鄰近口岸的內地居民反對。

會議後，我們登上專巴前往打鼓嶺一帶考察。在車上，陳月明主席詳細講解打鼓嶺歷史，上水、沙頭角、粉嶺及打鼓嶺合稱「上粉沙打」地區，「打鼓嶺」名字源於打鼓嶺居民曾多次和深圳河對岸黃貝嶺村民因爭奪資源發生衝突。由於打鼓嶺人丁單薄，無法抵擋黃貝嶺村民的攻擊，於是在某處小山丘豎立一個皮製大鼓，當黃貝嶺村民來犯，這邊便奮力擊鼓通知區內居民，拿起武器抗敵，漸漸的，「擊鼓團結」成為村民象徵，該小山丘亦得名「打鼓嶺」，之後更成為該區統稱。

聽畢陳主席講解後，我們便到達上屆政府討論時曾引起極大爭議的沙嶺「超級殯葬城」工地。立於工地遠眺可清楚看見深圳口岸及羅湖商業城，雖然只是一河之隔，但只能遠眺祖國，通關卻遙遙無期，心中難免感到無奈。

雖然上任行政長官於二〇二一年《施政報告》已表明沙嶺「超級殯葬城」大縮水，只會設立靈灰安置所，不會興建殯儀館和火葬場，但是相關設施地點畢竟非常接近民居及蓮塘口岸一帶的高尚住宅區，彼此之間遙相對望，並沒有任何大型建築物或山丘阻隔，本地及內地居民均十分不滿，他們認為整個項目並沒有考慮居住環境以及殯葬設施落成啟用後將衍生的其他問題，相信新一屆政府要接手跟進。

接着，我們乘坐專巴經過香園圍口岸，此處與內地對岸僅相距數十米，現有鐵網圍封，只有一條巴士線可到達附近一帶。早前有報道指不少分隔兩地的家人為排解思念，就在這裏「隔河相見」。

隨後，專巴駛往蓮麻坑村掉頭前往沙頭角，途經一九七八年落成的蓮麻坑「國際橋」，原來當時此處是「著名陸路口岸」，只提供給持有「深圳市過境耕作證」的人士使用，目的是讓深圳居民來香港邊界作農務活動。但隨着深圳近數十年急速發展，前往香港耕作的深圳農民大大減少，如今只剩下極少數「耕作證」了。

二〇二二年七月三十一日 面書

走訪東涌滿東邨、逸東邨街市

二〇二二年八月十九日，我設於東涌逸東二邨逸傑樓地下的議員辦事處正式開幕，開幕禮邀得房屋局局長何永賢擔任主禮嘉賓，同時邀得中聯辦及特區政府其他官員出席支持，實在非常感謝。開幕禮後，我聯同何局長一起視察滿東邨及逸東邨兩個街市。

我經常收到東涌居民投訴，指滿東邨街市規模太細，攤檔餸菜種類極少，日用品店舖亦不齊全，因此雖然街市整體價格不算高，但是居民寧願到較遠的逸東邨街市買餸。

記得我在二〇二一年走訪滿東邨街市時，居民反映街市只有一檔豬肉檔，連牛肉檔也沒有；這次與何局長視察，發現情況比之前更差，就是連賣魚的海鮮檔也不見了，水電工程及雜貨店亦幾近絕跡，整個街市有一至兩成吉舖，比以往更加冷清。

食品價格方面，滿東邨街市的豬肉檔，柳梅一斤只售八十元，相比其他街市賣過百元一斤，這裏無疑相對便宜，但是檔主及居民均無奈地表示，街市如此冷清，即使豬肉便宜一點也不足以吸引人流，不禁搖頭嘆息。

隨後我們前往視察逸東邨街市，則是另一種光景。記得當初領展開辦逸東邨街市時以

「香港街市」為主題，攤檔種類甚多，更設有茶餐廳及大牌檔等，打造得有聲有色，讓街市一度成為旅遊熱點。

如今逸東邨街市已外判給建華集團經營，雖然熱鬧依舊，但大部份攤檔檔主均投訴租金太高昂，特別是近年因疫情打擊，經濟大環境轉差，建華不但沒給攤檔減租，反而疫下加租。社會失業率高企，居民消費能力大減，街市攤檔生意甚差，商戶仍然要繳付高昂租金，實在百上加斤，檔主叫苦連天。

視察期間，有居民上前向我和何局長投訴，指領展轄下逸東邨一號停車場升降機損壞多時，久久沒有修理，居民出入不便，他們非常不滿。

這次走訪東涌兩個屋邨街市，和不同的商舖、檔主及居民交流，明白居民買貴餸、攤檔租金高昂等苦況。我向何局長反映，街市外判予單一承辦商營運，缺乏競爭，自然影響服務質素，我建議引入競爭，藉以改善街市的整體服務質素。

何局長回應，當局已在滿東邨與東涌港鐵站之間找到適合選址，可以興建一個容納三四十個攤檔的臨時街市，預計二〇二三年啟用，希望可方便滿東邨居民。此外，臨時街市餸菜價格相對便宜，若屆時服務良好的話，相信會對逸東邨街市造成壓力，營運商未必會大肆加租，物價便有下調機會。我們不妨拭目以待臨時街市開設後的情況，我承諾會繼續跟進，務求讓東涌居民不必再捱貴餸。

二〇二二年八月十九日 面書

開發梅窩的潛力

二〇二二年八月中，我抽出時間考察梅窩。相比其他離島，梅窩人口相對較少，只有萬多人，但是市政大廈、圖書館、郵政局、診所、游泳池等一應俱全，是個公共設施相對充足的離島社區。

我和黨友們由東涌乘車前往梅窩，甫到埗率先拜訪梅窩鄉事委員會，與離島區議會主席余漢坤、梅窩鄉事委員會主席黃文漢、梅窩鄉事委員會第二副主席李國強，以及一眾委員及居民代表會面，交流地區問題。

首先，眾代表最關注梅窩的發展，認為自從特區政府確立大嶼山「北發展、南保育」的方針後，因為過份保育而扼殺了梅窩的發展潛力，保育方案沒有平衡發展需要。離島區議會主席余漢坤指出，現時大嶼山有百分之七十的土地劃為郊野公園，若加上綠化地及海岸保護區（Coastal Protection Area, CPA），則大約佔了百分之八十五的土地。他們認為這樣子在保育方面已非常足夠，大可放寬部份發展限制，以更有效地利用梅窩的天然資源。

眾委員表示，由水口至貝澳有超過兩公里的優美海灘，但有關地段卻被劃作綠化地或禁區，令發展面對多重限制。他們建議特區政府開放禁區，釋出海灘周邊土地，興建酒店或作其他商業用途，再配合交通配套，吸引本地及境外旅客，將窩梅打造成香港嶄新的旅遊景點。

總括來說，一眾委員同意大嶼山的自然風貌值得保育，但必須在保育和發展之間取得平衡，充份利用梅窩珍貴的天然資源，發展當地旅遊業。

第二，梅窩居民關注區內交通問題。委員表示，大嶼山整體交通網絡欠缺完善規劃，梅窩更欠缺交通承載力。委員提出數個方案，包括建議興建隧道，分別連接石壁和大澳、連接梅窩和愉景灣、連接梅窩和東涌東。

連接旅遊景點寶蓮寺的羗山道使用率高，但道路卻十分狹窄且彎位多，加上有雙層巴士使用該道路，發生交通意外風險較高。他們建議擴闊羗山道，提升梅窩的通達性。

此外，梅窩泊車位嚴重不足，車輛往往停泊在狹窄的街道上，違泊問題嚴重。委員建議適當擴闊村路，增加泊車位，改善交通擠塞，減少違泊，便利居民出行。

第三，有關明日大嶼項目，委員表示梅窩居民原則上支持本來包括交椅洲及喜靈洲的填海方案，認為能縮短梅窩居民往返中環的時間。可是隨着喜靈洲被剔出最新方案，填海規模亦由原本的一千七百公頃減少至一千公頃，相信梅窩居民難以受惠於明日大嶼願景。

第四，現時申請梅窩禁區紙費用為九百元，但同類沙頭角禁區紙卻無需收費，委員認為特區政府應一視同仁，免去梅窩禁區紙費用。

三鄉（白芒村、牛牯塱村、大蠔村）自從成為梅窩鄉事委員會轄下鄉村後，僅限村代表能獲發禁區紙，其他無法獲取禁區紙的村民進出梅窩非常不便。雖然從前已發出的禁區紙不受影響，但如今不再向村代表以外村民發出新的禁區紙，委員認為有關安排並不合理。

第五，委員反映申請舊屋重建程序繁複，審批時間過長。委員引述地政總署指署方正在處理的舊屋重建個案有七百多個，每年只批出五十多個，加上申請舊屋重建涉及多個步驟，每個步驟均需時數年，變相令舊屋重建整個流程推進極為緩慢，即使申請興建村公所亦歷時超過十年，最近才獲得批准動工興建。委員均對地政總署表達強烈不滿，認為署方處理個案時只懂盲目跟隨指引，不會靈活考慮個別個案的實際情況。

第六，有居民代表反映，梅窩與其他離島同樣面對網絡服務不佳的問題，上網質素不理想。現時梅窩僅有兩家網絡服務供應商，居民欠缺選擇，縱使選用最昂貴的上網服務，網速仍然不理想。

聽畢一眾委員表達的民生問題後，我承諾會盡力跟進並向有關當局反映，改善梅窩居民的生活質素。

會議完結後，梅窩鄉事委員會主席黃文漢帶領我們參觀由離島婦聯開設的「梅窩陽光中心」，中心「以社區承拓家庭為理念，為區內婦女及社區人士提供服務」，積極參與由環保基金贊助的「家家有餘」社區廚餘回收計劃，種植農作物供應本區居民。中心負責人贈送以艾草製成的肥皂給我作為紀念品，在此再次表示感謝。

隨後我們一起到銀鑛灣酒店餐廳午膳，飽覽優美的海岸景色，如此宜人的環境，吸引不少青年人及一家大小前來度假，據聞一千八百多元一晚的酒店房間住宿，經常爆滿，一房難求。看來瀰漫着小島風情、寧靜清幽的梅窩，的確是發展旅遊的好地方。

二〇二二年八月二十三日 面書

不要遺忘東涌鄉

二〇二二年八月尾，我聯同其他新民黨黨友，一起考察東涌鄉。首先是與離島區議會主席余漢坤、離島區議會議員及東涌鄉事委員會主席、黃家圍及龍井頭村代表黃秋萍，以及東涌鄉一眾委員及村代表會面。

東涌新市鎮擴展計劃是眾代表最關注的問題。黃秋萍主席指出，東涌鄉三十多年來「犧牲小我完成大我」，為配合東涌及赤鱲角機場發展而犧牲，近年新市鎮蓬勃發展，東涌鄉郊卻被遺忘，配套嚴重不足，未能受惠於機場和周邊地區的急速發展。其他委員均表示同意，指出與東涌鄉郊只相隔一條馬路的東涌新市鎮配套完善，東涌鄉郊村民卻未能受惠，十分遺憾。以特區政府計劃興建東涌線延線為例，東涌西站主要惠及逸東邨居民，新站點對於東涌鄉民來說形同虛設，更戲稱該站應名為「逸東邨站」。

近年，特區政府逐步為東涌鄉村接駁污水渠，但仍有數條鄉村被遺忘，缺乏排污設施。鄉民雖然有向水務署反映情況並獲回覆，但至今仍未見具體後續安排，委員認為並不合理。他們同時建議，鄉村排污渠可仿效市區設暗渠而非明渠，既節省空間，亦可避免污水滲進表面土壤，令路邊傳出異味。

委員們重申，希望特區政府發展東涌的同時，不要遺忘東涌鄉，不要遺忘鄉民，希望東涌新市鎮擴展計劃能顧及東涌鄉。

第二，東涌鄉同樣面對其他離島的問題。不少委員表示興建丁屋及舊屋重建的審批程序緩慢，由遞交申請到地政總署批出興建許可，往往需時十年，舊屋重建申請也同樣要漫長等候。有委員更指出，其他地區的審批時間大約兩年，但東涌鄉同類型申請則需時四至五年，情況並不理想。即使他們向地政總署投訴，但署方態度怠慢，經常無法接通查詢熱線，他們希望特區政府能精簡程序，加快審批丁屋申請。

第三，有委員反映，東涌鄉居民無法取得禁區紙前往梅窩等地，安排非常不便。鄉郊某些地段的光纖鋪設工程「爛尾」及相關基建日久失修，致令上網服務質素欠佳。東涌鄉道路死車問題嚴重堵塞本已狹窄的道路，他們認為當局應多發告票，加強打擊。

這次會面讓我深入了解東涌鄉面對的大小問題。我相信特區政府未來會推出更多地皮用作發展，亦會尋求增加地積比率及積極進行改劃，善用寶貴的土地資源。至於排污設施問題，新民黨曾向運輸及物流局反映，大嶼山鄉郊普遍排污系統非常匱乏，當局回覆指某些鄉村人口太少，接駁排水渠並不符合成本效益，因此沒作相關安排。

我希望大家理解及體諒，特區政府需先滿足多數人口需要，人口較少的地區或許未及照顧。我作為立法會議員，有責任捍衛少數人權益。我十分認同黃秋萍主席所說，東涌鄉三十多年來「犧牲小我完成大我」，為配合新市鎮及機場發展貢獻良多。我承諾會向當局反映及跟進東涌鄉的相關問題，為達致城鄉共融努力。

二〇二二年八月二十九日 面書

大嶼南居民缺乏發展話語權

大嶼山南區是我考察離島的其中一站，在二〇二二年八月的最後一天，我與離島區議會主席余漢坤、大嶼山南區鄉事委員會主席、貝澳新圍代表何進輝，以及大嶼山南區鄉事委員會及村代表會面。

與會代表非常重視大嶼山南的經濟及旅遊發展。他們指出，經營露營車和營地生意是區內經濟的重要支柱，可是特區政府對相關行業缺乏完善監管機制。現時並無專門針對露營車的車輛牌照及登記機制，露營車並非處所且可移動，無法申請賓館牌照，特區政府亦沒有為露營車發行正式牌照。在商用車輛類別下，露營車頓成灰色地帶，使有關活動法律地位變得模糊。曾有露營車停泊在私人用地後被地政總署下令移走否則「釘契」，委員認為是監管制度不完善所致，嚴重影響露營車及營地的經營穩定性，希望特區政府盡快檢討及更新相關制度，以促進大嶼山南的旅遊業發展。

第二，大嶼山有多條朝海的行山徑，雜草叢生，樹木雜亂，委員期望有關部門定時梳理行山徑的雜草樹木，改善遠足人士的體驗，以吸引更多遊客。

第三，交通配套是重大問題。現時大嶼山主要幹道嶼南道及東涌道均為「雙線雙程」行車，委員反映道路普遍寬度不足，彎位多且缺乏避車處，加上經常有雙層巴士途徑該路段，雙白線扒頭屢見不鮮，曾釀成多宗嚴重交通意外。委員期盼特區政府擴闊主要幹道至「四線雙程」，改善交通狀況。

第四，大嶼南的村路較為狹窄，若遇上事故，救護車難以前往出事地點，往往需要先停泊在村口或離求助者較遠的位置，救護員再徒步前往事發地點。居民擔心這樣會延誤救援，促請當局加闊村路，讓救護車及其他緊急車輛通行。

第五，大嶼山整體均面對泊車位不足的問題，村代表反映尤以長沙泳灘為甚。每逢假日，長沙泳灘一帶擠塞嚴重，繁忙時車輛甚至難以從泳灘停車場掉頭。委員建議在長沙泳灘附近加建停車場，配合泳灘水上活動及餐廳，將長沙泳灘打造成大嶼山的重要景點。

第六，亦有委員反映，區內巴士每逢週末及假日會收取雙倍車資，他們明白本意原為針對遊客，但此舉卻忽略當區居民在週末及假日出行的需要，變相加重他們的交通費負擔。

就大嶼山的整體交通規劃，我會考慮在立法會提出有關鄉郊發展的動議，敦促特區政府完善鄉郊的配套設施。

第七，舊屋重建的問題一直困擾大嶼山南區居民。委員反映申請舊屋重建需時甚久，往往需時至少十年，由遞交申請至獲批期間，因受通貨膨脹影響，工程費用翻倍，村民隨時無法負擔有關工程費用，因此要求特區政府精簡程序。

第八，隨着特區政府調整禁區紙政策，現時大嶼南居民無法取得禁區紙，委員認為居民原有權利遭剝奪，無法接受。

第九，村代表擔心大嶼南區食水供應問題。他們指出，某些鄉村多年來仍然以山水作飲用或洗澡等用途，擔心含有氯氣的山水影響居民健康及安全。他們舉例指曾有村民反映使用山水洗澡後全身發癢，故要求特區政府完善大嶼南地區的食水供應系統。

第十，大嶼南的電話及網絡服務較差，即使疫情下許多服務移師網上進行，但受制於上網服務速度，許多村民均無法享用網上服務，包括視像診症、網課等。

第十一，大嶼南經常有牛隻出沒，牛隻在馬路上行走，妨礙車輛和行人；若有牛隻無預警地衝出馬路，駕駛者及行人猝不及防，便會有安全風險。牛隻亦會到沙灘與人「爭奪地盤」、破壞村民農作物及花園植物，不但影響村民的日常生活，也會影響遊客體驗及安全。

說着說着，大嶼南的問題真不少。大嶼南居民慨嘆，在大嶼南發展計劃中，居民缺乏話語權，難以反映訴求。據知大嶼山發展委員會曾承諾到訪大嶼南，但至今仍未有具體日期。委員們要求特區政府加強與居民溝通，提高大嶼南居民在大嶼南發展計劃的參與度及話語權。

二〇二二年八月三十一日 面書

愉景灣居民要求改善交通配套

感謝愉景灣城市業主委員會主席趙德威博士及周元谷先生的安排，讓我在廖長江和嚴剛議員的愉景灣地區辦事處，與「愉景灣共享會」多名居民代表，包括外籍居民 Barry Brown 會面，了解愉景灣現況。

愉景灣充滿歐陸風情，吸引很多外籍人士居住，現時人口大約有一萬六千至二萬人。由於愉景灣屬私人發展商擁有土地，情況特殊，居民明白可向特區政府爭取的資源和改善措施有限，但仍希望我能向特區政府反映他們的訴求。

首先，居民代表非常關注愉景灣的交通問題。根據現時規定，的士只能前往愉景灣北廣場的士站，但的士站與民居有一定距離，居民希望能在南廣場加設的士站，增加容許的士通行的指定地點。

居民代表建議清晨及深夜的士服務僅限於以預約形式進行。目前愉景灣有「出租客車服務」（hire car），提供二十四小時在愉景灣內「點到點」接載服務，但服務一直供不應求，居民往往無法成功預約服務。

此外，在愉景灣內使用的高爾夫球車（golf cart）使用柴油驅動，產生高污染及高噪音，居民認為與愉景灣環保社區的定位背道而馳。

居民表示，全港公共交通工具加價頻率高，愉景灣屬偏遠社區，交通費負擔沉重，「公共交通費用補貼計劃」幫助有限。每逢週末及假日有大量遊客到訪愉景灣，居民希望劃分和遊客的公共交通收費，以免經常劃一加價，讓加價幅度過份轉嫁予有日常出行需要的愉景灣居民。

愉景灣內只有一條主要道路，但缺乏減速及限速設施，經常有車輛橫衝直撞，險象環生，居民建議在路面加設減速壆等減速裝置，減輕交通意外的風險。

香港興業即將推出愉景灣北兩大新住宅項目，預料區內人口會增加數千人。居民擔心人口上升會進一步加重愉景灣交通承載力的負擔，因此要求重新審視愉景灣整體交通網絡規劃，及早做好配套，提升承載力。

我於會上指出，現時交通業界普遍面對燃油價格上升及載客量下降的雙重打擊，加價在所難免。我明白居民交通費負擔沉重，會向運輸署了解愉景灣交通基建現況，跟進居民提出的交通問題。

第二，趙德威博士指出，為島上居民提供食水的水管交匯處，位處愉景灣隧道入口附近政府用地。愉景灣簽署為期兩年的短期租約租用該土地，並須每年向特區政府繳交二百萬地租，佔居民管理費大約百分之二。居民認為有關費用加重管理費負擔，建議特區政府收取象徵式租金，甚至減免有關地租，減輕居民負擔。我對此表示同意，並於會上向居民承諾，向水務署反映相關問題。

第三，愉景灣的公共設施均由私人發展商興建，居民對場地收費及訂場安排感到不滿。外籍居民 Barry Brown 是足球教練，他說難以在愉景灣及東涌區覓得適當運動設施為兒童及青少年進行訓練。他讚賞康樂及文化事務署轄下設施，但是相關設施供不應求，導致訂場非常困難，甚至助長「黃牛」及場地炒賣。目前康文署旗下足球場訂場費大約為每小時一百元，但是愉景灣足球場收費則為每小時八百元！愉景灣足球場由香港興業營運，該公司有權自由訂定租場收費，即使收費更貴居民也無可奈何。

第四，居民反映愉景灣缺乏大型活動場地，例如長者舞蹈團練舞或團體舉辦親子活動均沒有適合場地可用。現時愉景灣有一幅空置土地，原本計劃興建學校，但由於人口結構轉變，建校計劃已擱置，該幅土地至今已丟空二十年，居民期望能以短期租約形式，利用該幅土地興建籃球場，增加愉景灣的體育設施。

第五，愉景灣定位環保社區，現時島上雖然有「綠在區區」項目，但推行方面仍未成熟，愉景灣雖然有參與政府廚餘回收項目，但眾人認為有關計劃未真正落實到居民層面，成效有限。居民代表希望增加宣傳，加強居民環保意識。

最後，由於愉景灣在地理位置上靠近東涌，居民希望特區政府能把愉景灣納入東涌新市鎮擴展計劃，一併考慮愉景灣的實際需要，特別是在交通網絡方面，希望愉景灣居民能受惠於東涌線延線的發展。

二〇二二年九月六日 面書

保育大澳棚屋

二〇二二年九月七日，天公造美，我聯同新民黨副主席容海恩等黨友一起前往水鄉大澳考察。

非常感謝大澳鄉事委員會主席何紹基及兩位副主席蘇光及黃容根的安排，我們除了拜訪大澳鄉事委員會，更特地視察了大澳棚屋。

大澳向來有「東方威尼斯」之稱，水上棚屋是非常熱門的旅遊景點，深受本地及外地遊客歡迎，我以往來訪大澳也深深感受到極為濃厚的水鄉風情。大澳位於大嶼山西北面，位處珠江口岸，正正是珠江流域海鮮魚獲的集散地，漁民在珠江流域一帶捕捉的魚獲可在大澳出售，因此不少棚屋居民均是漁民後代。根據大澳鄉事委員會委員提供的資料，現時大澳共有六百多間棚屋，數量遠超我們想像，不少棚屋更有二三百年歷史。當然，現時好些棚屋已經轉賣，並且有不少人是從市區遷入的非大澳原居民。

我們近距離視察棚屋，更認定這些獨有建築是奇景，棚屋只是由木樁支撐，多年來已深深插入屋下淤泥，它們經歷百年變遷，捱過了「天鴿」和「山竹」等超強颱風的吹襲。雖然颶風來襲時棚屋或會水浸，水位更達到非常高的位置，但是棚屋始終經歷過百年風吹雨打，至今屹立不倒，足見非常穩固。大澳人對棚屋珍而重之，極想好好保育，申請成為世界物質文化遺產。

保育之前必須先解決兩個問題。第一是排污。這些棚屋全數沒有排污設施，棚屋下的污物多年來只靠潮漲的海水沖走，淤泥的骯髒程度可想而知。第二是防火問題。棚屋曾發生嚴重火災，居民擔憂萬一棚屋再發生大型火災，隨時會「火燒連環船」波及其他棚屋，屆時損毀慘重，後果不堪設想。因此一眾委員及棚屋居民，均希望特區政府能跟進及改善棚屋的防火設備。上述兩個問題均必須得到政府協助，從而改善棚屋的衛生情況以及消防安全，有關方面才可正式申請棚屋成為世界物質文化遺產，好好保育並發展為獨特的旅遊景點。

我認為大澳棚屋是香港非常獨特的文化，應該好好保護。我承諾一定會與特區政府跟進，要求相關部門認真研究，如何將大澳棚屋保留，好好保育，盡快申請成為聯合國世界物質文化遺產。

二〇二二年九月八日　面書

改善大澳交通刻不容緩

繼坪洲、長洲、梅窩等地方後，我在二〇二二年九月七日視察水鄉大澳，我們了解過棚屋文化，亦與大澳鄉事委員會一眾代表討論了他們關注的大澳問題。

大澳鄉事委員會提出，大澳長久以來面對交通基建難題。雖然大澳在地理位置上靠近東涌，但現時並無道路直達，往來東涌必須經東涌道、嶼南道及羌山道，是名副其實的「兜大圈」。假如相關道路有封路或意外，大澳即時「與世隔絕」，無法出入。因此他們建議加建道路連接東涌與大澳，提高大澳的通達性，既便利居民出入，亦可吸引更多遊客。

羌山道是通往大澳的主要道路，現時只容許單層巴士通行，即使巴士公司多次加密班次仍無法應付人流。大澳居民早於二三十年前已向政府反映問題，要求擴闊羌山道成標準道路，容許雙層巴士通行，增加交通承載力，可惜多年來特區政府無甚反應，問題至今未見改善。

第二，東澳古道第一站磡頭村，長久以來缺乏救援設施，部份通往磡頭村的道路寬度更只有四尺，救護車根本無法通行。即使村中發生緊急情況，救護車亦只能停泊在很遠的位置，救護員再手攜擔架徒步入村，步程最快也需要四十五分鐘，委員們十分擔心會因此延誤救援，有居民代表指曾有村民因此失救而死。

村民曾去信消防處、規劃署、路政署及地政總署反映問題，爭取擴闊道路，或至少容許救援電單車通行。居民代表強調性命攸關，十分渴望特區政府加快處理他們的訴求。

第三，大澳鄉事委員會提出保育與發展之間的矛盾及平衡。副主席蘇光表示，近年特區政府經常把村民的私人用地劃作綠化地，禁止村民在相關地段上進行任何活動（包括農業活動）。委員指出，早在二〇一三年特區政府制訂規劃大綱圖時，大澳鄉事委員會及離島區議會均反對有關改劃，並向立法會提出申訴，要求獲得賠償。委員強調，居民擁有私人土地的業權，相關土地劃作綠化地後卻得不到賠償，並不合理。委員希望特區政府以收購方式改劃綠化地，確保居民在私人土地劃作綠化地時，得到應有補償。

我於會上指出，特區政府預計將有三千公頃土地改劃為綠化地，並已優化收地補償機制至兩級制，相信將來情況會有所改善。隨着特區政府優化修地補償機制，我也希望當土地改劃得到發展時，居民亦獲得合理賠償。

第四，委員投訴申請興建丁屋、舊屋重建過程緩慢。大澳鄉事委員會主席何紹基説，委員會附近有一間非常殘舊的房屋，但屋宇署表示沒有即時倒塌的危險，因此不批准重建。現場所見，那所破屋根本不適宜居住，卻一直未獲准重建，實在說不過去。

第五，大澳深屈村缺乏基礎衛生設施。村民向有關部門爭取興建公廁已超過十年，可惜直至現在仍只有流動公廁。委員引述部門回覆，指村內沒有適合興建公廁的土地，村民認為這答案匪夷所思，亦認為當局在資源分配方面有欠公允，讓深屈村村民無法享有市區或其他鄉村的相同設施。

第六，建於一九二九年的大澳坑尾村獅山麓龍巖寺，約設一千六百個龕位，大多提供予大澳居民。但是二〇二〇年，私營骨灰安置所發牌委員會拒絕龍巖寺的牌照申請，上訴亦遭駁回，因此龍巖寺需要停運及於二〇二三年三月底前進行「鏟灰」，委員認為處理並不恰當。

委員指出，當局並無提供方案如何處理龍巖寺現存的骨灰，他們要求特區政府交代將如何處理骨灰，包括遷往哪裏及有沒有其他配套等細節。委員建議原址或原區安置骨灰龕，亦要求酌情容許龍巖寺重新申請牌照，方便大澳居民繼續使用原來的殯葬服務。我告訴他們，骨灰龕遷移需跟隨法定程序，不能承諾可原址或原區安置，但會協助跟進後續情況。

總括來說，我認為大澳居民提出的問題與其他鄉郊地區面對的情況非常相似。特區政府通常優先考慮大量人口的利益，人口較少的鄉郊地區因而被忽略。在特區政府的新格局下，相信收地會有合理賠償，希望居民放心。

同時，容海恩議員承諾跟進骨灰龕問題，並表示在居民同意的前提下，希望日後每區也能設有骨灰龕，她會在立法會前廳交流會向政府官員提出建議。

二〇二二年九月十七日 面書

索罟灣公共設施老化

感謝南丫島南鄉事委員會主席周玉堂、副主席胡國光、多名執行委員及顧問，以及周主席女兒周雪茵的細心安排，讓我在二〇二二年九月下旬，有機會考察南丫島索罟灣。

我們發現，索罟灣的問題與其他偏遠離島鄉郊類似。首先，索罟灣只有數百名居民，選民更少於二百人。在人口偏低的情況下，索罟灣的公共設施、醫療服務等均得不到特區政府重視。我們視察時發現，區內公共設施老化，社區服務不足，例如索罟灣竟只有兩名警察維持治安，健康院在星期一至六只有一名護士當值，每星期只有兩天有醫生當值，過去亦曾發生過有突發事件卻因為醫護人員及設施不足，居民未能及時急救，最終失救致死的悲劇。

雖然索罟灣設有直升機停機坪供直升機緊急使用，但這始終比不上在地的醫療設施及醫護人員。除了要求增建醫療設施及增加當值醫護人員，鄉事委員會亦建議利用荒廢及閒置的政府用地，興建消防及急救設施，讓居民得到更適當和及時的照顧。

第二是如何優化模達灣碼頭。模達灣碼頭是索罟灣公眾碼頭之一，有渡輪來往索罟灣和香港仔，但是模達灣碼頭的長度不足以停泊渡輪，每當風勢大且海上出現湧浪，渡輪會因碼頭情況惡劣而「飛站」。因此，不少委員建議為模達灣碼頭進行改善工程，加長碼頭便利渡輪停靠。

第三個問題是索罟灣道路普遍狹窄，經常出現人車爭路的情況，十分危險，委員建議擴闊索罟灣路面，便利居民和車輛出行。

會議後，我們外出視察，發現不少街燈已嚴重老化甚至損壞。委員表示曾向特區政府申請在索罟灣加設十二支街燈，至今仍未全數獲批，原因是某些街燈位處保護區，礙於發展限制而無法獲批。此外，有些街燈遭大樹遮蓋，根本無法發揮照明作用。居民認為街燈是必要照明設施，對維持道路及行人安全至關重要，希望當局能酌情處理加設街燈的申請，並促請相關部門盡快進行修葺樹木等改善工程。

另一個鄉事委員會十分關注的議題，就是前南丫石礦場發展計劃。周主席指出，原來特區政府早於二〇一二年已提出前南丫石礦場發展計劃，當時已進行可行性研究。發展計劃涉及五十公頃土地，發展後預計可容納七千人。可是後來特區政府將計劃交予私人發展商，發展商認為項目回報率低，因而擱置計劃。現時該地段以短期租約的形式租予香港基督教青年會辦青年營，可進行露營、燒烤及攀岩等活動。

鄉事委員會認為前南丫石礦場是珍貴平地應多加利用，周主席更表示該發展計劃包含大量基建項目，包括學校、醫療及消防設施等，但因有關項目現時已擱置，基建項目成空，居民無法受惠。

會議上，委員質疑特區政府當初為何將項目交予私人發展商後，卻又容許計劃擱置，使土地閒置。地政總署在批出短期租約前並無諮詢居民，居民無從得知有關租約及續租事宜，並認為相關團體應把土地歸還予特區政府作發展用途，造福南丫島居民。我於會上承諾，一定會深入了解前南丫石礦場發展計劃為何擱置並作出跟進，希望居民最終能享用相關設施。

二〇二二年九月二十二日 面書

榕樹灣公共文娛康樂設施不足

南丫島是香港第四大島嶼，面積約十四平方公里，僅次於大嶼山、香港島及赤鱲角。南丫島面積約為香港島的六分之一，佔地廣闊，地理位置亦靠近香港島。南丫島北鄉事委員會主席陳連偉慨嘆，多年來南丫島一直得不到特區政府重視，讓我想起已故前上司、曾任職布政司的鍾逸傑爵士，他去世之前我經常拜訪其位於西九龍的寓所，我們常常一起俯瞰香港景色，他經常指往離島方向，並說香港擁有很多島嶼，特區政府為甚麼經常投訴沒有土地，而不作有為發展？

南丫島便是典型例子。早前我們走訪索罟灣，南丫島南鄉事委員會主席周玉堂便提及前南丫石礦場發展計劃擱置的問題。這次我們考察榕樹灣（二〇二二年九月中），南丫島北鄉事委員會主席陳連偉同樣提及該計劃，指特區政府早於二〇一二年一月已展開「南丫島索罟灣前南丫石礦場未來土地用途發展規劃及工程研究——可行性研究」，研究範圍接近六十公頃土地，包括前水泥廠、石礦場上天然山坡及海岸線等。該土地範圍擁有許多豐富的天然資源，地理位置亦靠近市區，前往港島南區只需十多分鐘船程，暢達性毋庸置疑。

根據當時規劃大綱，特區政府計劃土地發展配合天然環境，興建資助房屋及私人房屋等不同類型住宅，保留人工湖，同時興建多項社區設施，例如海濱長廊、單車徑、林蔭步道、遊艇停泊及碼頭登岸處、度假酒店及商業中心等。假如項目能夠成功發展，足可成為一個容納七千人居住的湖畔式社區。可惜當時遭到少數環保人士反對，特區政府最終擱置計劃。

會議上，一眾委員大吐苦水，認為本來一個可以紓緩香港土地房屋供應問題、容納約七千人的社區建設計劃，就這樣不了了之，實在十分浪費。特區政府經常說香港沒有足夠土地，卻白白閒置前南丫石礦場，讓南丫島居民感到氣餒。

事實上，南丫島居民最關注的就是南丫島的未來發展。南丫島區議員劉舜婷表示，特區政府正計劃在南丫島以西水域設置一個污泥卸置設施，並正諮詢離島區議會及市民。離島區議會一致反對計劃，居民及漁民亦有提出反對意見，但特區政府漠視民意，一意孤行推進計劃，令居民非常不滿。有委員認為該污泥卸置設施落後又不環保，他們建議效法內地，轉廢為能比棄置理想。此外，有居民認為該設施破壞南丫島對開水域的水質，促請特區政府三思。

公共設施及服務方面，北南丫普通科門診診所落成至今逾半個世紀，設備非常殘舊，未能跟上榕樹灣長者對醫療服務的需求。委員建議原址重建北南丫普通科門診診所，以提供更優質的醫療服務。

另外，現時南丫島並無街市，居民需要長途跋涉前往香港島購物買餸。委員希望特區政府能批地在南丫島興建街市，讓居民在地買餸購買生活用品，免卻舟車勞頓之苦。

此外，南丫島的文娛康樂設施同樣不足。現時南丫島只有一個可作足球場或籃球場的硬地遊樂場，及只有一間公共圖書館，委員表示曾要求興建多用途運動場，但遭有關部門拒絕。

二〇二一年人口普查指南丫島有人口六千七百二十四人，當中不少為長者。有委員質疑，因受島上流動人口影響，該數字嚴重低估南丫島人口，特區政府或以人口不足為藉口，放慢其發展速度。他們更慨嘆，不少年輕居民眼見南丫島沒甚麼發展機會而紛紛外闖，造成惡性循環，榕樹灣的發展更見落後。

聽畢主席、一眾委員的意見及居民心聲，我深表無奈，亦對特區政府因為少數環保人士反對而放棄一幅接近六十公頃、有潛質發展至七千多人居住的土地，非常失望，我承諾在立法會復會後必定作出跟進。

二〇二二年九月二十六日 面書

新屋邨欠規劃居民難享幸福感

近年，有不少公共屋邨在落成啟用時，公共設施及交通配套卻嚴重不足，欠缺整體規劃，居民入伙後才發覺問題多多，屯門的和田邨及菁田邨正是其中例子。二〇二一年十月下旬，我聯同屯門寶田區議員蘇嘉雯一起考察這兩個新落成的公共屋邨，果然發現不少問題。

和田邨及菁田邨位於屯門五十四區，據了解這區所有公共房屋、私人樓宇落成後，足可容納十萬人，堪稱一個大社區。和田邨有四座樓宇已經入伙，住在附近的蘇議員表示，每晚均會留意該邨幾棟樓宇有多少單位有亮燈，從而推算入伙情況。據她粗略估計，現時入伙率大約有兩三成。而根據資料顯示，目前菁田邨共有五座樓宇，每座樓宇有三十八至四十層高，可預見日後兩屋邨悉數入伙後，人口如何密集。

問題一：和田邨依山而建，居民離家步行至巴士站隨時得花半小時，而且沿路沒有任何上蓋或遮擋設施，居民得日曬雨淋。我們考察那天，太陽非常猛烈，回程時更要走斜路上山，可以想像居民每天出入相當難捱，特別是長者及孕婦更加辛苦。此外，和田邨欠缺交通交匯處，居民要步行一段頗長距離才到達巴士站，目前只有九巴以及班次疏落的港鐵 K54 接駁巴士，居民只能在烈日當空下久等，十分無奈。

問題二：和田邨欠缺提防老鼠的圍欄設施，蘇議員說老鼠懂得沿着平台一直往上爬至高樓再竄入居民單位。據悉房屋署早已答應安裝防鼠欄，我不禁追問為何不早點安裝？再加上菁田邨側有一幅大面積私人墓地，可說是老鼠溫床，也是造成屋邨鼠患的主因。隨着居民陸續入伙，附近卻沒有大型垃圾站，建築廢料及棄置裝修物品隨處可見，衛生環境相當惡劣。

隨後，我們續到鄰近私人墓地的菁田邨視察。有居民反映，圍着私人墓地的園景佈置極為密集，外表雖然美觀，但老鼠容易在樹叢中匿藏，難以發現鼠蹤，大大增加捕鼠難度。再加上墓地與屋邨相隔的老鼠網極為簡陋，其隙縫闊度竟足以讓貓狗通過。期間我們與房屋署保安人員閒談，她表示早前已在相關地帶放置鼠餌，但由於鼠患十分嚴重，鼠餌作用不大。記得食環署曾有金句「香港市區老鼠比外國野鼠聰明」，相信鼠群嘗試過有毒鼠餌後不會再上當，鼠患問題根本未能解決。

問題三：沒街市難買餸。我們沿路和居民閒談，有位叔叔由上水搬來屯門，但由於屋邨沒有街市，他只好山長水遠返回上水買餸，實在諷刺；也有居民會到欣田邨及兆康苑買餸，但路程亦不短。現時整個屯門五十四區（包括和田邨及菁田邨）只有商場沒有街市，而且商場仍是十室九空，我們只在和田邨口看見一間便利店，可見居民購物買餸都非常不便。

問題四有關交通動線。欣寶路是唯一通往依山而建的和田邨、靠近輕鐵站的菁田邨，以及較為鄰近西鐵站欣田邨的主要道路，可惜特區政府遲遲不願意興建D7路段，未能完善連結三個屋邨的動線，假如欣寶路交通擠塞，三個邨的交通便會癱瘓。

問題五：我們在菁田邨發現一個非常奇特的設計。菁田邨的樓梯竟可直達貼近單位的平台，沿路全無阻隔亦無保安，猶如無掩雞籠。閒雜人等極容易在屋邨平台聚集玩樂，不但滋擾居民，更造成嚴重治安隱患。我考察過許多公共屋邨，印象中未見過如此「獨特」的設計。正如蘇議員所說，此屋邨設計師明顯只是從美觀角度考慮，並沒有考慮治安及民生配套等實際需要。

最後，蘇議員再次指出，巴士站配套極為簡陋，連上蓋也沒有。她表示區議會曾要求加建邨口行人路至巴士站路段上蓋，但有關部門回覆指該處路面底下有許多設施而遇上阻滯。我相信當中涉及多個部門，協調過程繁複引致延誤。

繼和田邨及菁田邨，香港陸續會有其他公共屋邨落成啟用，但這只是開始，當局必須仔細做好交通、街市、學校等各類配套，讓居民新居入伙可享幸福感。衛生方面亦十分重要，我建議政務司副司長卓永興落區視察，親自了解當區的鼠患及衛生問題，並且要盡力解決。

二〇二二年十月三十日 面書

感謝環境及生態局迅速清理和田邨大型垃圾

二〇二二年十月三十日，我上載了視察屯門和田邨及菁田邨的帖文，環境及生態局、食環署迅速反應。翌日（十月三十一日）早上，我已收到環境及生態局副局長黃淑嫻傳來照片及資料，表示已經派員清理和田邨迴旋處路旁的大型垃圾。

事源很多新入伙的居民認為單位內的原有裝置不適用，於是便將之拆除並棄置在和田邨迴旋處一帶。黃副局長向我解釋，這些棄置廢物並非一般垃圾收集站處理的生活垃圾，而是屬於「裝修垃圾」，需要動用大型夾斗車處理。幸好現時和田邨在入伙初階段，還有空間研究大型垃圾棄置區的適合地點，收集這些「裝修垃圾」。

「裝修垃圾」極不環保，這裏引申另一個問題，就是特區政府興建公共屋邨以至居屋時，單位的原設計原裝修是否切合居民的實際需要？抑或純粹是居民寧可自己再裝修都要拆掉的裝置？這當中有沒有方法兩全其美，減少居民拆掉、浪費原本的裝置，而造成大量浪費？興建「清水樓」又是否可行？

以這次屯門兩屋邨為例，我認為部門找到適合地點收集大型垃圾後，也要向居民大肆宣傳及教育，及在當眼處貼出指示，指示大型垃圾棄置點的所在地，同時要令居民明白，不能把大型垃圾棄置在其他地方，引發其他環境衞生問題。此外，房屋署不妨徵詢居民意見，單位原本裝置是否不合用，以及居民有甚麼要求等等。

現時和田邨迴旋處一帶的大型垃圾已經清理好，房屋署會繼續沿路清理，食環署總監同日（十月三十一日）下午亦到相關地點巡視。在此非常感謝環境及生態局、食環署的迅速反應，特別是環境及生態局副局長黃淑嫻，確實做到「急市民所急」，我謹代表和田邨及菁田邨居民向他們致謝。

二〇二二年十月三十一日 面書

窩田村「長命斜」困擾村民十多年

梅窩窩田村村民代表鄧家洪村長多次向我投訴，指銀礦洞旁大斜路問題一直困擾窩田村。十多年來村民不斷向特區政府有關部門投訴，可惜至今仍未獲處理。

窩田村銀礦洞旁行人大斜路是條「長命斜」，是村裏的必經之路，長者、小孩或孕婦出入都極為吃力，叫苦連天。十多年來，村民不斷向有關部門要求修建改善，可惜一直不獲回應。特區政府最後一次書面回覆已是二〇一七年四月，那是土木工程拓展署的回信，回覆內容指該村大斜路「因地勢險要，修建道路工程存在困難，並非想像中容易，會就修建路段作出進一步研究，期盼能找出可行方案，並承諾會與村民商討」云云，官腔回應，藉口推搪，敷衍了事。

如今距離上述回覆又過了五、六年，署方沒有再作回覆或跟進，遑論其他實際行動。如是這般，日子一天一天的過，「長命斜」仍在，村民仍要每天流着汗、頂着太陽，上上落落。

眾所周知，香港人口老化嚴重，未來各區的長者只會愈來愈多，窩田村「長命斜」不會是個別事件。所謂「民生無小事」，為甚麼十多年也修繕不了？我答應鄧家洪村長，必定會在立法會發展事務委員會跟進。

二〇二三年一月三日，我應梅窩窩田村鄧家洪村長的邀請，聯同土木工程拓展署可持續大嶼辦事處處長胡國源、副處長卓巧坤，以及工程師韓展威，一起視察窩田村。

首次踏足已有八十年歷史的窩田村，發現這條小村坐落於翠綠山谷，可遠眺瀑布，風景十分優美，沿途遇上不少愉景灣居民前來行山，那條「長命斜」則是必經之路。鄧村長指現時村裏人口有數十人，雖然人數不多，但是他們每天出入也要徒步走完「長命斜」，斜度之高，一般成年人也吃不消，遑論長者、小孩及孕婦。

土木工程拓展署可持續大嶼辦事處的工程師告訴我們，其實早年民政署已為「長命斜」部份斜坡路段修葺石級，算是減輕了居民的痛苦。但是若要削平其他斜坡路段的話，則難度甚高。工程師解釋，一來「長命斜」陡峭兼斜度高；二來因為入村前有數段私家路，若特區政府要進行工程，可能牽涉收地；三來由於工程難度高，工程費用可能高達二億。

我聽罷吃驚不已，萬萬想不到一條鄉村「長命斜」涉及那麼多問題。我理解特區政府推進項目、運用公帑需分緩急優次，理解工程的複雜性及工程費用高昂，也理解若涉及收地，整件事會變得更複雜。不過，是不是就這樣便一直把問題擱下不管，任由窩田村的村民繼續捱「長命斜」？

我會繼續與土木工程拓展署可持續大嶼辦事處積極研究，看看有沒有其他方案可以幫助窩田村村民，減輕他們出入必捱「長命斜」的苦況。

這天視察窩田村還有一重大發現，就是村裏每家每戶也有飼養活潑可愛的家犬。我們甫進村便聽到牠們不停汪汪吠叫，像是歡迎遊客到訪。我們臨別與村民大合照時，其中一隻家犬近更主動上前，站在「C位」（中間位）與眾人大合照，十分可愛。

二〇二二年十二月二十日及二〇二三年一月四日　面書

參觀大嶼南海迎灘露營車營地

二〇二三年一月六日，我再次前往大嶼山，考察大嶼南海迎灘。這次考察有賴大嶼南鄉事委員會主席何進輝的安排，參觀了露營車營地，了解其營運現況及挑戰。

何主席介紹了兩位營地經營者給我們認識，他們分別是鄧捷明村長與劉先生，兩人自二〇一四年及二〇一七年開始經營海迎灘（Welcome Beach）營地。他們引進由英國製造、分別適合五人家庭用及倆口子用的露營旅行車。旅行車設施齊備，電視、煮食爐具、梳化、浴室衞生間及睡床等一應俱全。戶外營地設計亦別具心思，除了小食部、流動洗手間等基本設施外，更有不少面向沙灘的「打卡位」，由營地拾級而下更是漂亮廣闊的沙灘。如此優美環境當然深受市民歡迎，鄧村長表示曾有明星及電視台租借場地拍攝取景。

雖然用心經營，但海迎灘開業以來並非一帆風順，期間曾與民政署打官司。民政署指營地並沒有申請牌照，違反《香港法例》第三四九章《旅館業條例》（Hotel and Guesthouse Accommodation Ordinance）。最終鄧村長官司勝訴，其理據是露營車「是一部汽車，並非處所」，因此不受相關條例限制。

據聞官司過後，民政署訂立了一套新準則，規範這類露營車營地的經營，規範條件極為繁複，難以符合。首先，經營者要到城規會申請更改土地用途，而目前營地是租借私人農地經營的。第二，營地要將入口擴闊至四米半，讓緊急車輛例如消防車等通過。第三，營地要斥資二百多萬，建設一個龐大儲水池，以備不時之需。假如真的動工，不但是一項大型工程，更會破壞自然環境，徹底改變營地的優美景色，實在本末倒置。

由於營地不符合發牌規則，因此現階段露營車未能合法經營。幸好當天我們邀請了土木工程拓展署可持續大嶼辦事處處長胡國源及副處長卓巧坤一起到場考察，他們細心聆聽經營者解說，大家也認同，在鄉郊發展康樂設施，不能死板地跟足城市所要求的標準，不然鄉郊地區難以發展多元有趣的康樂設施及活動了。

胡處長及卓副處長聽畢眾人反映後，表示樂意幫忙及提出建設性建議，研究後會給予經營者更多建議，讓他們明白怎樣才符合政府規定，然後再與其他政府部門商討，如何靈活優化發牌要求，使這些露營車營地能安心合法地營運。

我認為這樣非常合理，鄉郊情況與市區截然不同，有時不能強硬地搬字過紙。相對地，特區政府應務實了解鄉郊情況，細心聆聽鄉郊中小企面對的困難和挑戰，從而找出解決問題的辦法。這次可持續大嶼辦事處官員願意溝通，和經營者「有商有量」，實在難得，值得點讚。期望官員能盡快找到彈性處理這次個案的方法，讓露營車營地安心經營，同時惠及廣大遊客及市民。

二〇二三年一月七日 面書

東涌東日街市落成啟用

我在二〇二二年八月的時候，聯同房屋局局長何永賢，一起視察過東涌滿東邨和逸東邨街市。兩個街市各有問題，滿東邨街市規模太細，逸東邨街市餸價太貴。

當時何局長告訴我，當局已在滿東邨和東涌港鐵站之間找到適合選址興建臨時街市，預計二〇二三年啟用。如今來到二〇二三年第一季，臨時街市在三月二十四日正式開幕了。

這個臨時街市正名「東日街市」，與港鐵站只是咫尺之遙，相當方便。東日街市一共有三十六個檔位，乾濕貨、水果檔、肉檔、海鮮檔、中西式快餐店，甚至社企等應有盡有（暫時欠缺燒臘檔），稱得上麻雀雖小，五臟俱全。

東日街市建築成本約港幣五千萬元，與其他政府項目相比成本較低，主因是整個街市以貨櫃組裝合成方法建成，地階鋪上納米用作保護及防塵，去水做得相當不錯。街市更用上新科技，以感應器監察老鼠行蹤。

東日街市在早上九時開幕，大清早便有很多市民、長者輪候，等待入內參觀、買餸，可見東涌居民歡迎這個臨時街市。我見街市內攤檔清潔，蔬果餸菜十分新鮮，物價相對便宜，例如水果檔「淡雪」士多啤梨，兩箱（原箱兩包裝）只售九十元。

見證東日街市落成及開幕，我與東涌居民同樣欣喜。在此實在要讚一讚環境及生態局，以及轄下所有部門的共同努力，讓東日街市落成面世，惠及東涌居民。順帶一提，雖說是臨時街市，但我估計東日街市還是會「臨時」一段很長的時間。

最後，我竟遇上食環署吉祥物「清潔龍阿德」（Keep Clean Ambassador Ah Tak），阿德遇見我即熱情地上前擁抱，更與我擊掌歡呼，我於是和阿德拍照留念！

二〇二三年三月二十五日 面書

BUS
STOP

泰民安
坪洲鄉事委員會
歡迎香港行政會議召集人
立法會議員葉劉淑儀大紫荊勳賢GBS太平紳士
聽取坪洲鄉事會及街坊意見

慶春約太平清醮

熱烈祝賀香港特別行政區成立25周年紀慶
同心齊創造
獅子山下情
長洲鄉事委員會仝人致意

CAPE OF SHA TAU KOK
沙頭角之角
日出沙頭
月懸海角

CAPE OF SHA TAU KOK
沙頭角之角
北緯 22° 32'37"N
東經 114° 13'35"E
日出沙頭
月懸海角

恭賀新禧
熱烈歡迎
行政會議召集人，立法會議員，新民黨主席
葉劉淑儀女士

Lamma Island

EXIT 出口

永光士多
日本料理

南丫島南段
鄉事委員會
健康院

治療室

SOK KWU WAN POLICE POST
索罟灣警崗
SOK KWU WAN CLINIC
索罟灣診所
SOUTH LAMMA PUBLIC LIBRARY
南丫島南段公共圖書館

大嶼山南區鄉事委員會
SOUTH LANTAO RURAL COMMITTEE

32
特價
竹絲雞
80
60

造福鄉民